ぜんぶ絵でわかる RC造 5

中村敏昭

X-Knowledge

はじめに

日本における最古のRC造（鉄筋コンクリート造）集合住宅は、1916年竣工の長崎県・軍艦島の30号棟です。端島炭鉱が最盛期の1960年頃はこの島の人口密度は世界一とも言われていましたが、1974年の閉山を期に全住民が島を離れてしまったため、30号棟も無人の廃墟となり、いまでは崩落が危惧されるほど建物の劣化が進んでしまっています。

一方、30号棟が竣工する5年前（1911年）に完成した三井物産横浜ビル（現 KN日本大通ビル）は竣工後100年以上が経過していますが、いまも現役の賃貸オフィスとして使用され続けています。かつて長寿命建物を表す「100年建築」という言葉が流行りましたが、環境条件は違えども、良質な材料を用いた丁寧な設計・施工、そして適切な維持管理が、これら2つの建物の寿命を左右したのでしょう。

RC造は鉄筋とコンクリートが複合・一体化した合理的な構造方式であり、力学的性質や耐久性に優れ、経済的な優位性もあることから、現代でもさまざまな建築物や社会資本整備施設で多く採用されています。一方で、RC造の品質管理は一筋縄ではいきません。施工の良否・気象変動・作業環境などに建物の品質が左右されるため、

設計・コンクリートの製造・施工そして維持管理にかかわる建築技術者の資質が大変重要となります。最近ではコンクリートや鉄筋材料の高強度化、高性能な混和材料の実用化などの技術進歩が目覚ましく、また日進月歩でICT（インフォメーションアンドコミュニケーションテクノロジー）やDX（デジタルトランスフォーメーション）技術などを活用した品質・工程・安全性・生産性向上の管理方法が新たに導入されるようになっています。

加えてこれからは、建設業界全体の課題である「新・担い手三法」にも対応した生産性向上を果たし、他職種に勝る働き方改革も推進していかなければなりません。2020年のカーボンニュートラル宣言を実現するために、低炭素化や資源循環の仕組みなどもますます求められ、GX（グリーントランスフォーメーション）の普及が進むことでしょう。

いずれもRC造建設にかかわる技術者のソフトとハード両面のマネジメントが求められます。最新技術に順応したうえで、RC造に関する基礎知識をしっかりと理解することが肝要です。本書がその一助となることを願っています。

2023年6月吉日　中村敏昭

第 **1** 章

RC造の材料と
コンクリートの種類

第 **2** 章

RC 造の
構造と構法

第 **5** 章

RC構造物の
仕上げ

第 **6** 章

RC 構造物の
維持管理

STAFF
カバー・キャラクターイラスト ……… えんがわ
イラスト ……… さじろう
　　　　　　　　長岡伸行
　　　　　　　　堀野千恵子
デザイン ……… 三木俊一（文京図案室）
組版 ……… 竹下隆雄（TKクリエイト）
印刷・製本 ……… シナノ書籍印刷

RC造の材料と
コンクリートの種類

RC造は、セメント・骨材・混和材・水などのコンクリート用材料と鉄筋や鉄骨などの鋼材で構成されます。品質のよいRC構造物を構築するには、良質な材料を用いる必要がありますが、近年は材料の採取・製造に伴う天然資材の枯渇や環境負荷が問題視されています。そのため回収骨材などを積極的に活用し、資源循環性を高めることも求められています。

コンクリートの種類については、部位・建設場所や条件・打込み時期など、建築物の特徴に応じた適切なものを採用しましょう。種類によっては設計監理・管理の方法が異なるので、製造者・施工者はもとより、設計者・発注者も正しい知識を身につける必要があります。

基本的なセメントの種類

セメントは、水や液剤との化学反応によって硬化する灰色の粉末です。建築工事や土木工事への使用が主な用途で、すべての原材料を日本国内で自給可能です。最も使用されているのはポルトランドセメントですが、ほかにも混合セメント・エコセメント・超速硬セメントといったさまざまな種類のセメントがあります。

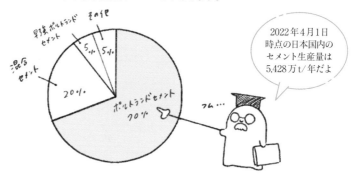

2022年4月1日時点の日本国内のセメント生産量は5,428万t/年だよ

その他 5%
早強ポルトランドセメント 5%
混合セメント 20%
ポルトランドセメント 70%

フム…

ポルトランドセメントの一般的な製法

ポルトランドセメントを1t製造するのに必要な原料は、石灰石1.1t＋粘土0.24t＋けい石類0.06t＋鉄原料など0.03t（計約1.43t）である。混合物の割合によってセメントの強度や性質を変えることができる

原料工程

原料を乾燥・粉砕して、均一に混ぜ合わせる

① ②

グリゴリ

⚠ 1450℃

焼成工程

1,450℃前後の高温で焼成し、半融解させてから急冷し、クリンカーをつくる

③ ④

仕上げ工程

石膏など

クリンカーに3〜4%の石膏・混合成分・粉砕助剤を添加し、微粉砕して完成

クリンカー

ポルトランドセメント 25kg

完成

ポルトランドセメントを1t製造するのに、約770gのCO_2が排出される

さまざまな種類のポルトランドセメント

ポルトランドセメントは「JIS R 5210」でさまざまな種類が規定されている。普通（Nセメント）・早強（Hセメント）・超早強（UHセメント）・中庸熱（Mセメント）・低熱（Lセメント）・耐硫酸塩（SRセメント）がある

特殊なセメント

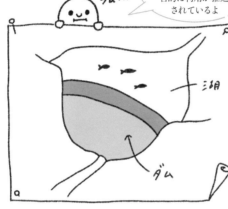

混合セメントやエコセメントは、低炭素を目的に利用が推進されているよ

フム…

三貫

ダム

混合セメント［※］
ポルトランドセメントに、高炉スラグ微粉末・シリカ質混合材・フライアッシュなどの混合材を加えたもの。長期強度発現性や水密性や化学抵抗性などに優れている。ダム・河川・港湾工事などのマスコンクリート［36頁参照］に使用される

エコセメント
都市ゴミの焼却灰などの廃棄物を主原料とした資源リサイクル型のセメントの一種。セメント業界では2030年目標の「低炭素社会実行計画」が策定され、製造にかかるエネルギーや資源の低減に努めている。単位セメント量の多い高強度・高流動化コンクリート［38・40頁参照］やプレストレスコンクリートには使用されていないが、通常の鉄筋コンクリートや無筋コンクリートに使用されている

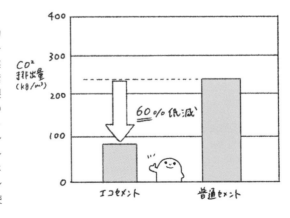

CO_2排出量（kg/m³）

60％低減

エコセメント　普通セメント

※ 高炉セメント・シリカセメント・フライアッシュセメントもこれにあたる

骨材の品質管理のポイント

コンクリート体積の約7割を占める骨材は、コンクリートの品質に大きく影響します。骨材はセメントや水と反応を起こさず、あまり化学変化しないので、コンクリートの発熱や収縮を抑制する効果があります。骨材には、適度な大きさと形で、塩化物など不純物を含まないことが求められます。最近は環境保全の観点から良質な天然素材の採取が制限されています。

> 資源循環性を高めるために再生骨材や回収骨材の利用が推進されているよ

骨材の粒度と粒形

骨材の粒度（粒の大きさ）と粒の形は、「ワーカビリティ」に影響する。ワーカビリティとは、コンクリートの流動性を示す概念で、ワーカビリティのよいコンクリートは流動性がよく施工しやすいといえる[82頁参照]

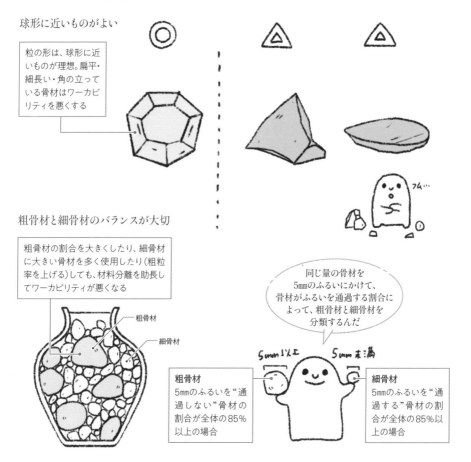

球形に近いものがよい

> 粒の形は、球形に近いものが理想。扁平・細長い・角の立っている骨材はワーカビリティを悪くする

粗骨材と細骨材のバランスが大切

> 粗骨材の割合を大きくしたり、細骨材に大きい骨材を多く使用したり（粗粒率を上げる）しても、材料分離を助長してワーカビリティが悪くなる

粗骨材

細骨材

> 同じ量の骨材を5mmのふるいにかけて、骨材がふるいを通過する割合によって、粗骨材と細骨材を分類するんだ

粗骨材
5mmのふるいを"通過しない"骨材の割合が全体の85%以上の場合

細骨材
5mmのふるいを"通過する"骨材の割合が全体の85%以上の場合

ワーカビリティとスランプ

ワーカビリティとは、コンクリートの分離抵抗性と流動性を示す指標であり、ワーカビリティがよいほど、型枠に流し込みやすく、材料が分離しにくいコンクリートであるといえる。コンクリートのワーカビリティは「スランプ」の値で代用する［38頁参照］

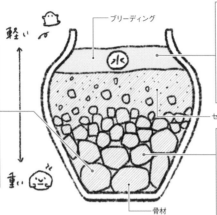

材料分離とは、運搬中・打込み中・養生中にフレッシュコンクリートの構成材料の分布が不均一になる現象のこと。粗骨材が局部的に集中したり、ブリーディングが起きたりするなどの不具合が生じる

ブリーディングとは、セメントや骨材に比べて比重の小さい水がコンクリートの表面に浮き出る現象のこと。過度なブリーディングはコンクリートの水密性や鉄筋の付着に悪影響を及ぼす

骨材の粒度は「粗粒率（FM）」で判定する。粗粒率が大きいほど骨材の粒が大きいことを意味する。FM2.3～3.1は細骨材、FM6～8は粗骨材とされる

骨材の単位容積質量と実績率と水分量

単位容積質量とは

単位容積あたりの骨材の質量（kg／m³・kg／ℓ）を表す数値で、骨材の最大寸法が大きいほど値も大きくなる。調合設計・実績率・コンクリート質量の算出に利用される

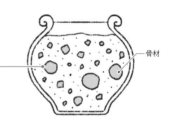

実績率とは

骨材を容器に詰めたとき、どの程度隙間なく詰まっているかを表す指標で、値が大きいほど粒度がよいと判断する。単位容積質量が大きいほど実績率も大きくなる

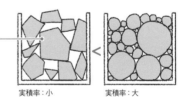

実績率：小　　　＜　　　実績率：大

水分量とは

調合設計では、骨材が表乾した状態を基準に単位水量を考えるが、実際の骨材は吸水率や含水状態が異なっている。骨材の正確な含水状態を把握するには、骨材が水を吸収する度合い（吸水率）・骨材内部に含まれる水分の割合（含水率）・骨材表面についている水分の割合（表面水率）を考慮しなければならない

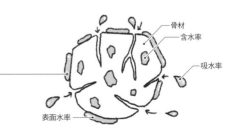

混和剤で品質を向上させる

混和剤はコンクリートの品質を向上・調整するために添加される材料です。コンクリートに混和剤を加えることで、ワーカビリティの改善・凝結速度の調整・強度の増大・水密性と耐久性の向上・乾燥収縮の低減などを図れます。混和剤は使用量が少ないので、それ自体の容積は、コンクリートの調合計算においては考慮されません。

さまざまな化学混和剤の効果

1982年から2006年かけて、7種類の混和剤[※1]の性能がJIS A 6204（コンクリート用化学混和剤）に規定された

AE剤（AE減水剤）

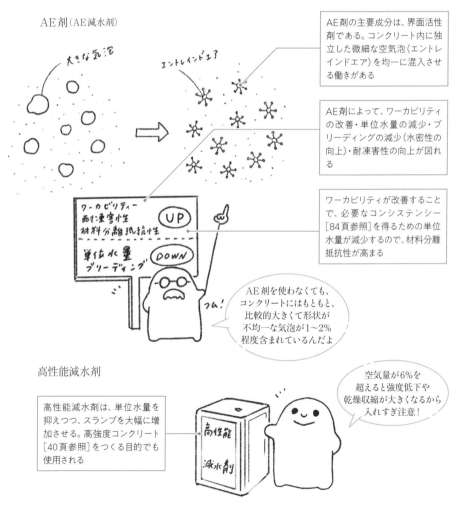

AE剤の主要成分は、界面活性剤である。コンクリート内に独立した微細な空気泡（エントレインドエア）を均一に混入させる働きがある

AE剤によって、ワーカビリティの改善・単位水量の減少・ブリーディングの減少（水密性の向上）・耐凍害性の向上が図れる

ワーカビリティが改善することで、必要なコンシステンシー[84頁参照]を得るための単位水量が減少するので、材料分離抵抗性が高まる

AE剤を使わなくても、コンクリートにはもともと、比較的大きくて形状が不均一な気泡が1～2%程度含まれているんだよ

高性能減水剤

高性能減水剤は、単位水量を抑えつつ、スランプを大幅に増加させる。高強度コンクリート[40頁参照]をつくる目的でも使用される

空気量が6%を超えると強度低下や乾燥収縮が大きくなるから入れすぎ注意！

高性能 AE 減水剤

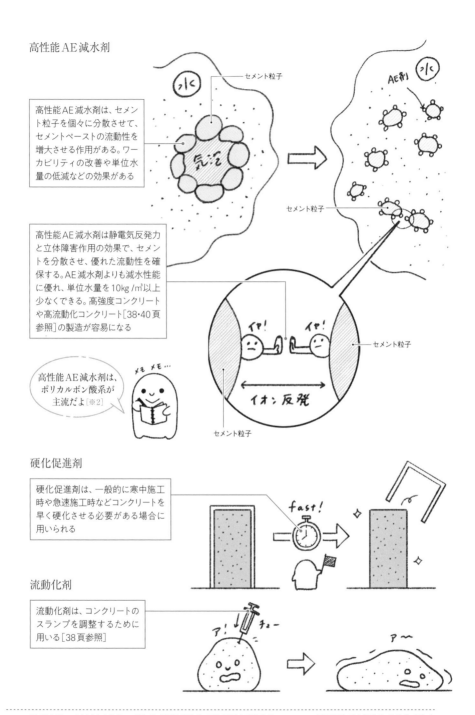

高性能AE減水剤は、セメント粒子を個々に分散させて、セメントペーストの流動性を増大させる作用がある。ワーカビリティの改善や単位水量の低減などの効果がある

セメント粒子

水

AE剤　水

セメント粒子

高性能AE減水剤は静電気反発力と立体障害作用の効果で、セメントを分散させ、優れた流動性を確保する。AE減水剤よりも減水性能に優れ、単位水量を10kg /m³以上少なくできる。高強度コンクリートや高流動化コンクリート[38・40頁参照]の製造が容易になる

セメント粒子

高性能AE減水剤は、ポリカルボン酸系が主流だよ[※2]

メモメモ…

イヤ！　イヤ！

イオン反発

セメント粒子

硬化促進剤

硬化促進剤は、一般的に寒中施工時や急速施工時などコンクリートを早く硬化させる必要がある場合に用いられる

fast!

流動化剤

流動化剤は、コンクリートのスランプを調整するために用いる[38頁参照]

ア！　↓チュー

ア〜

※1 AE剤・減水剤・AE減水剤・高性能減水剤・高性能AE減水剤・硬化促進剤・流動化剤の7つ。ほかに超遅延剤・耐寒促進剤・急結剤・起泡合発泡剤・防錆剤・水中不分離性混和剤などもある
※2 ほかにナフタリン系・メラミン系・アミノスルホン酸系などがある

主な混和材の能力を知ろう

混和材はコンクリートの性能向上や多様化を目的とするのはもちろん、産業副産物（廃棄物）の有効利用の観点からもさまざまな場面で利用されています。JISに規定されている代表的な混和材にはフライアッシュ・高炉スラグ微粉末・シリカフューム・膨張材などがあります。混和剤［16頁参照］に比べて比較的使用量が多いので、コンクリートの調合計算において、容積が考慮されます。

フライアッシュ

フライアッシュは、石炭火力発電所などで微粉炭を燃焼する際に発生した石炭灰を捕集したもの。コンクリートに混ぜることで、ワーカビリティを改善させ、所要のコンシステンシーを得るための単位水量を減らせる

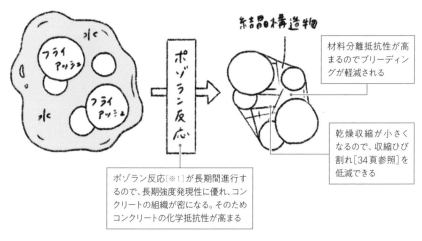

結晶日構造物

材料分離抵抗性が高まるのでブリーディングが軽減される

乾燥収縮が小さくなるので、収縮ひび割れ［34頁参照］を低減できる

ポゾラン反応［※1］が長期間進行するので、長期強度発現性に優れ、コンクリートの組織が密になる。そのためコンクリートの化学抵抗性が高まる

高炉スラグ微粉末

高炉スラグ微粉末は、製鉄所の高炉から排出されたスラグ［※2］に水や空気を高速で吹き付けて急冷し、これを微粉末にしたものである。潜在水硬性［※3］を持っているため、コンクリートの強度や化学抵抗性が向上する。またアルカリシリカ反応［202頁参照］抑制効果が大きいので耐塩害性にも優れている

アルカリシリカ反応

塩害

「高炉スラグ微粉末」入り

※1 フライアッシュやシリカフュームなどがセメントの水酸化カルシウムと反応して、結合能力のある化合物を生成する現象。コンクリート組織が緻密化するので、強度や耐久性が向上する
※2 鉱滓のこと。鉱石から目的の金属を精錬した後の残物

シリカフューム

シリカフュームは、各種シリコン合金（フェロシリコンやメタルシリコン）を製造する際に、集塵機で回収されたシリカ（SiO_2）である。添加することでコンクリートの強度・水密性・化学抵抗性などが高まる

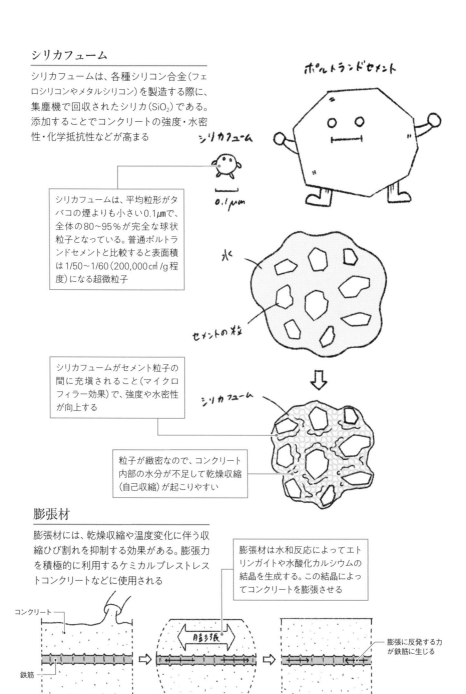

ポルトランドセメント

シリカフューム

0.1μm

シリカフュームは、平均粒形がタバコの煙よりも小さい0.1μmで、全体の80〜95％が完全な球状粒子となっている。普通ポルトランドセメントと比較すると表面積は1/50〜1/60（200,000㎠/g程度）になる超微粒子

水

セメントの粒

シリカフュームがセメント粒子の間に充填されること（マイクロフィラー効果）で、強度や水密性が向上する

シリカフューム

粒子が緻密なので、コンクリート内部の水分が不足して乾燥収縮（自己収縮）が起こりやすい

膨張材

膨張材には、乾燥収縮や温度変化に伴う収縮ひび割れを抑制する効果がある。膨張力を積極的に利用するケミカルプレストレストコンクリートなどに使用される

膨張材は水和反応によってエトリンガイトや水酸化カルシウムの結晶を生成する。この結晶によってコンクリートを膨張させる

コンクリート

鉄筋

打設時

膨張

膨張時

膨張完了 ✔

膨張に反発する力が鉄筋に生じる

※3 セメントの水和反応で生成された水酸化カルシウムなどのアルカリ性物質や石膏などの刺激によって水和・硬化する性質。十分に湿潤養生することで、密実なコンクリートとなり長期強度が増大する。また、乾燥収縮が低減し、海水や硫酸塩に対する耐久性も改善される

練混ぜ水は成分に注意する

コンクリートに混ぜる水（練混ぜ水）は、コンクリートの凝結・性質・混和剤の効果・鉄筋の錆などに大きな影響を及ぼします。一般的に必要な水の量は、セメント質量の約40％といわれます。水がすべて水和反応するわけではなく、練混ぜ水のうち、コンクリートの硬化に関与しないものは余剰の水となります。余剰の水には、ワーカビリティをよくする働きがあります。

水中の不純物にはどのようなものがあるのか

練混ぜ水に含まれる不純物はコンクリートの品質に影響を与える。練混ぜ水は、油・酸・塩類・有機物などのコンクリートや鋼材に影響を及ぼす物質を含んではならない

海水は使わない

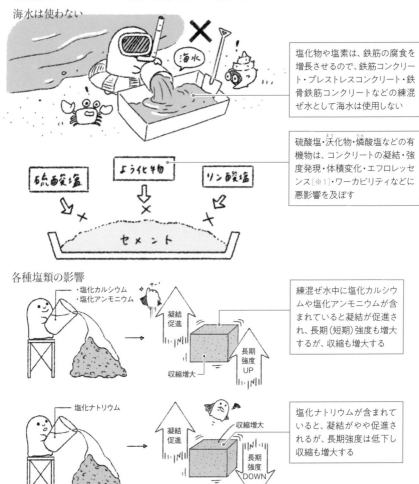

塩化物や塩素は、鉄筋の腐食を増長させるので、鉄筋コンクリート・プレストレスコンクリート・鉄骨鉄筋コンクリートなどの練混ぜ水として海水は使用しない

硫酸塩・沃化物・燐酸塩などの有機物は、コンクリートの凝結・強度発現・体積変化・エフロレッセンス[※1]・ワーカビリティなどに悪影響を及ぼす

各種塩類の影響

練混ぜ水中に塩化カルシウムや塩化アンモニウムが含まれていると凝結が促進され、長期（短期）強度も増大するが、収縮も増大する

塩化ナトリウムが含まれていると、凝結がやや促進されるが、長期強度は低下し収縮も増大する

練混ぜ水の種類

練混ぜ水は、上水道水・上水道水以外の水・回収水の3つに分類される。上水道水の使用に際しては特に規定はないが、上水道水以外の水と回収水を使用する場合は試験を行い、JIS A 5308付属書Cに適合した水質であることを確認する

上水道水以外の水

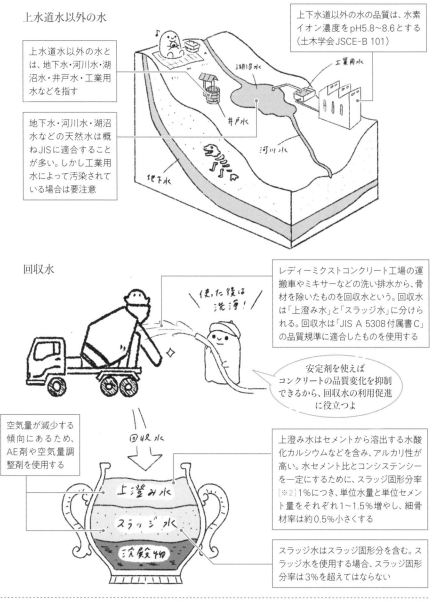

上水道水以外の水とは、地下水・河川水・湖沼水・井戸水・工業用水などを指す

地下水・河川水・湖沼水などの天然水は概ねJISに適合することが多い。しかし工業用水によって汚染されている場合は要注意

上下水道以外の水の品質は、水素イオン濃度をpH5.8〜8.6とする（土木学会 JSCE-B 101）

湖沼水
工業用水
井戸水
河川水
地下水

回収水

使った後は洗浄！

レディーミクストコンクリート工場の運搬車やミキサーなどの洗い排水から、骨材を除いたものを回収水という。回収水は「上澄み水」と「スラッジ水」に分けられる。回収水は「JIS A 5308付属書C」の品質規準に適合したものを使用する

安定剤を使えばコンクリートの品質変化を抑制できるから、回収水の利用促進に役立つよ

空気量が減少する傾向にあるため、AE剤や空気量調整剤を使用する

回収水

上澄み水
スラッジ水
沈殿物

上澄み水はセメントから溶出する水酸化カルシウムなどを含み、アルカリ性が高い。水セメント比とコンシステンシーを一定にするために、スラッジ固形分率[※2]1%につき、単位水量と単位セメント量をそれぞれ1〜1.5%増やし、細骨材率は約0.5%小さくする

スラッジ水はスラッジ固形分を含む。スラッジ水を使用する場合、スラッジ固形分率は3%を超えてはならない

※1 コンクリート内の可溶成分を含んだ水が、表面に移動し水分が蒸発することで白色の物質が沈着する現象。白華現象ともいう
※2 水和生成物と骨材粒子が混ざったものの割り合い

鉄筋の規格と材質は間違えないように

引張強度が小さいコンクリートを鋼材で補強することで、RC造が成立します。鋼材は降伏(塑性変形)に達した後も、破断するまでに大きな変形能力を持つので、RC造にねばり(靭性)を与えてくれるのです。RC造で最もよく使われている鋼材は鉄筋ですが、ほかにPC鋼材・鉄骨・溶接金網・鉄筋格子・鋼繊維なども使用されています。

鉄筋の長さ

鉄筋の長さは、3.5mから12.0mまで13種類の長さが規定されている。7.0m未満では0.5m刻み、7.0m以上は1.0m刻みで長さが変わる

鉄筋には、鉄筋コンクリート用棒鋼(JIS G 3112)と鉄筋コンクリート用再生棒鋼(JIS G 3117)の2種類があるよ。再生棒鋼は、鉄鋼製品を製造する際に発生する端材などを材料にしているんだ

0.5m刻み	3.5m	4.0m	4.5m	5.0m	5.5m	6.0m	6.5m	7.0m
1.0m刻み	8.0m	9.0m	10.0m	11.0m	12.0m			

異形棒鋼いろいろ

鉄筋には表面が平滑な「丸鋼」と表面が凹凸した「異形棒鋼」がある。異形型棒鋼の軸方向の突起を「リブ」、円周方向の突起を「節」と呼び、これらの突起によってコンクリートと鉄筋の付着が高まる

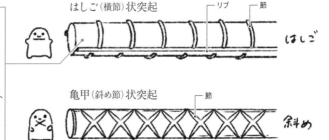

はしご(横節)状突起 ── リブ ── 節

はしご

亀甲(斜め節)状突起 ── 節

斜め

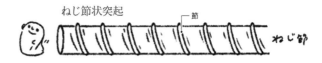

ねじ節状突起 ── 節

ねじ節

鉄筋の記号

SR は Steel (鋼) と Round bar (丸鋼)

数値は降伏点を示す。単位は N/㎟

2020年4月20日に「JIS G 3112：2010」が「JIS G 3112：2020」に改正されたよ。この改正で、SD295Bは廃止、SD295AがSD295に変更されたほか、SR785とSD590A〜SD785Rが追加され、SD345〜SD685Bの機械的性質に降伏比などが追加・変更されたよ

SR235

SD は Steel (鋼) と Deformed bar (異形棒鋼)

SD345

記号	降伏点 (N/㎟)	引張強さ (N/㎟)	伸び (%)	曲げ角度	曲げの内側判型
SD295	295以上	440〜600	16以上	180°	D16以下 (公称直径の1.5倍)
			17以上		D16超え (公称直径の2倍)
SD345	345〜440	490以上	18以上	180°	D16以下 (公称直径の1.5倍)
			19以上		D16超え D41以下 (公称直径の2倍)
SD390	390〜510	560以上	16以上	180°	公称直径の2.5倍
			17以上		
SD490	490〜625	620以上	12以上	90°	D25以下 (公称直径の2.5倍)
			13以上		D25超え (公称直径の3倍)

鉄筋のロールマーク

鉄筋に表示されているロールマーク (圧延マーク) は、呼び径・製造メーカー・強度を示している。また、鉄筋端部の切断面には、鋼種分類を識別するために色が塗られている

鉄筋の種類	圧延マークの表示	塗装による表示
SD295	(なし)	(なし)
SD345	●突起1つ	黄
SD390	●●突起2つ	緑
SD490	●●●突起3つ	青

丸鋼と区別するために異形棒鋼の呼び径にはDをつける。JISではD4〜D51までの16種類が規定されている

呼び径とは、管や棒などの外径・内径を表す呼称(数値)である。呼び径の数値は外径・内径の実際の寸法を表しているわけではない

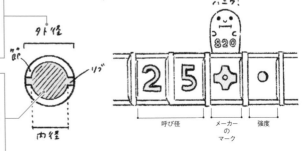

鉄筋の弾性域と塑性域

鉄筋の名称に記されている数値は降伏点の値を表している。降伏点とは鋼材が降伏（塑性変形）しはじめるときにかかる力の大きさ（降伏応力）を示している。鉄筋（鋼材）は、塑性変形することによって、降伏点よりも大きな応力を受けられる性質を持っている

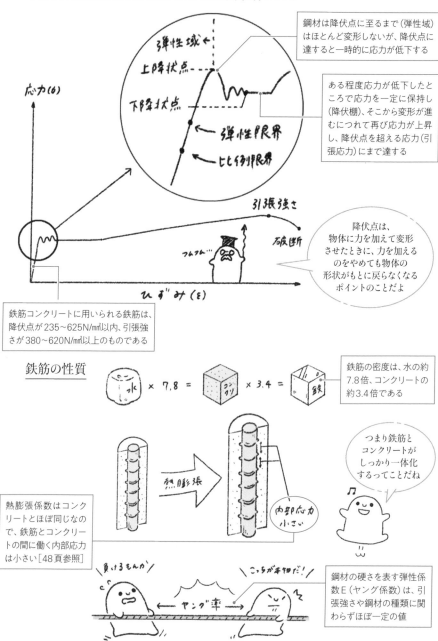

鋼材は降伏点に至るまで（弾性域）はほとんど変形しないが、降伏点に達すると一時的に応力が低下する

ある程度応力が低下したところで応力を一定に保持し（降伏棚）、そこから変形が進むにつれて再び応力が上昇し、降伏点を超える応力（引張応力）にまで達する

降伏点は、物体に力を加えて変形させたときに、力を加えるのをやめても物体の形状がもとに戻らなくなるポイントのことだよ

鉄筋コンクリートに用いられる鉄筋は、降伏点が235〜625N/㎟以内、引張強さが380〜620N/㎟以上のものである

鉄筋の性質

鉄筋の密度は、水の約7.8倍、コンクリートの約3.4倍である

つまり鉄筋とコンクリートがしっかり一体化するってことだね

熱膨張係数はコンクリートとほぼ同じなので、鉄筋とコンクリートの間に働く内部応力は小さい[48頁参照]

鋼材の硬さを表す弾性係数E（ヤング係数）は、引張強さや鋼材の種類に関わらずほぼ一定の値

PC鋼材

プレストレスコンクリートはあらかじめコンクリートに圧縮応力を作用させてひび割れを抑制する目的で使用される。鉄筋ではなくPC鋼材と呼ばれる鋼材を使用する。PC鋼材には、直径8㎜以下の高強度鋼で構成された「PC鋼線」、直径10㎜以上の高強度鋼で構成された「PC鋼棒」、PC鋼線をより合わせた「PCより線」がある

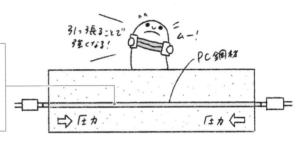

PC鋼材は、明確な降伏点を示さないので、0.2％の永久ひずみが生じる応力を耐力と呼び、降伏点の代用としている。その耐力は鉄筋の約2倍（785～1,275N/㎟）である

溶接金網

溶接金網（ワイヤーメッシュ）は、引張強さ490N/㎟以上の普通鉄線（線径2.60～18.0㎜）を網状に直交させ、その交点を電気抵抗溶接したものである。ワイヤーメッシュは、コンクリートのひび割れ防止を目的に使用される

鋼繊維

鋼繊維（スチールファイバー）を、ひび割れ防止や、伸び能力・靭性の増大を目的にコンクリートに混入する。最近では有機繊維（ポリプロピレンやアラミドなど）が採用されている

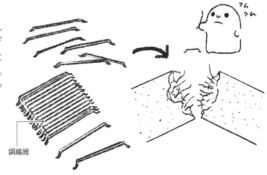

鋼繊維

RC造に使われるそのほかの鋼材

鉄骨鋼材は、鉄骨鉄筋コンクリート（SRC）造やコンクリート充填鋼管（CFT）造などの複合構造物に用いられます。鉄骨部材の断面形状は、形鋼（H形、山形、溝形など）や鋼管（円形・角形など）のようにさまざまなものがあります。また、線材と呼ばれる細長い部材に加工して使う場合もあります。

鋼材の規格

コンクリート構造用鋼材には主に4つの規格[※1]があって、それぞれの規格はさらにさまざまな種類に分けられるよ

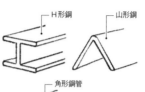

H形鋼　山形鋼　溝形鋼

角形鋼管

円形鋼管

SS が Steel Structure（一般構造用圧延鋼材）、SM が Steel Marine（溶接構造用圧延鋼材）、SN が Steel New（建築構造用圧延鋼材）の略

SS400

数値は、引張強さ（N/㎟）を示す

鉄筋の数値は「降伏点」[23頁参照]。鋼材の数値は「引張強さ」。この違いに注意してね

SM490A

SN材は、阪神淡路大震災（1995年）を境に建築構造専用の鋼材としてJIS規格が厳格化され、使用量が増えた

SN400A

名称	種類の記号	降伏点	引張強さ	伸び	降伏比（%）	衝撃値（J）
一般構造用圧延鋼材 （JIS G 3101）	SS400	235≦	400〜510	21≦		
溶接用構造用圧延鋼材 （JIS G 3106）	SM490A[※2]	315≦	490〜610	21≦		
	SM490B[※3]	315≦	490〜610	21≦		27≦
建築構造用圧延鋼材	SN400A	235≦	400〜510	21≦		
	SN400B	235〜355	400〜510	22≦	80≧	27≦
	SN490B	325〜445	490〜610	21≦	80≧	27≦
	SN490C[※4]	325〜445	490〜610	21≦	80≧	27≦

※1 一般構造用炭素鋼材（JIS G 3444）、一般構造用角形鋼管（JIS G 3466）、建築構造用冷間ロール成形角形鋼管（JIS G 3466）、一般構造用軽量形鋼（JIS G 3350）
※2 A種。二次部材やトラスのように弾性域の範囲内で応力を負担する部材に使用される
※3 B種。塑性域の応力まで負担する必要がある主要な構造部材に使用される
※4 C種。B種の性能に加えて、ボックス柱のスキンプレートなど板厚方向の性能を重視するものに使用される

鉄骨は接合部の品質管理が重要！

鉄骨部材は鉄骨工場で切断された後、現場の溶接作業によって柱や梁などの構造部材に加工される。現場では「溶接継手」や「ボルト継手」などの工法で部材を組み立てていく

溶接継手

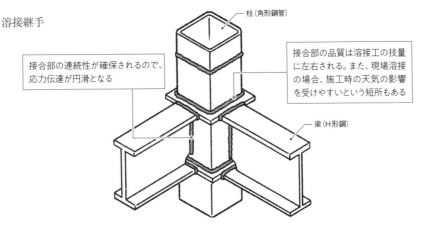

接合部の連続性が確保されるので、応力伝達が円滑となる

柱（角形鋼管）

接合部の品質は溶接工の技量に左右される。また、現場溶接の場合、施工時の天気の影響を受けやすいという短所もある

梁（H形鋼）

代表的な溶接工法「アーク溶接」の仕組み

溶接とは、鉄骨母材と溶着金属（溶接棒）を溶かして接合部を一体化させることである。接合部がコンパクトで、仕上げ材などの納まりがよく、断面欠損がないので継手としての効率が高い

ホルダー

被覆溶接棒

電流

溶接機

アーク［※5］

母材

アース線

ボルト継手

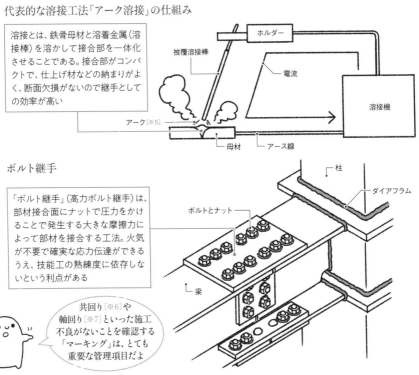

「ボルト継手」（高力ボルト継手）は、部材接合面にナットで圧力をかけることで発生する大きな摩擦力によって部材を接合する工法。火気が不要で確実な応力伝達ができるうえ、技能工の熟練度に依存しないという利点がある

柱

ダイアフラム

ボルトとナット

梁

共回り［※6］や軸回り［※7］といった施工不良がないことを確認する「マーキング」は、とても重要な管理項目だよ

※5 母材と溶接棒の間に電流が発生するときに生じる光と熱のこと。この熱を利用して母材を溶接する
※6 ナット・ボルト・座金が一緒に回ってしまうこと
※7 ボルトだけが回転してしまうこと

指定事項の管理がレディーミクストコンクリートの要

レディーミクストコンクリートとは、あらかじめ製造工場で材料を練り混ぜた打込み前のコンクリートのことで、生コンクリート（生コン）とも呼ばれます。全国には、2,781社、3,067工場（JIS工場は2,763）のレディーミクストコンクリート工場があり（2022年12月末時点）、国内で使用されるセメントの約70%を消費しています。

レディミクストコンクリートの指定事項

レディーミクストコンクリートを発注する際は、打込み量（㎥）・打込み場所・日時・品質種別などを明確に指定し、搬入された時点で組合せ表から呼び強度やスランプなどの項目を確認する

基本的な指定項目	JIS A 5308の規定の範囲内で指定する項目	セメントの種類
		骨材の種類
		粗骨材の最大寸法
		アルカリシリカ反応抑制対策の方法
		骨材のアルカリシリカ反応性による区分
		水の区分（呼び強度が36N/㎟を超える場合）
		混和材の種類および量
		塩化物含有量の上限値（JISが定める塩化物含有量の上限値と異なる場合）
必要に応じて指定する項目[※]		呼び強度を保証する材齢
		空気量の値（JISが定める空気量と異なる場合）
		軽量コンクリートの単位体積質量
		コンクリートの最高温度または最低温度
		水セメント比の目標値の上限
		単位水量の目標値の上限
		単位セメント量の目標値の上限または下限
		流動化前のコンクリートを基準としたスランプの増大値（流動化コンクリートの場合）

レディミクストコンクリートの表示方法

コンクリートのロスをなくすためにも見込み発注はやめてね！数量管理を徹底しよう！

普通 27 18 20 L

コンクリートの種類（普通・高強度・軽量・舗装など）	呼び強度（N/㎟）	スランプまたはスランプフロー（cm）	粗骨材の最大寸法（mm）	セメントの種類（N・L・BBなど）

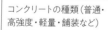

※ このほかにもコンクリートの性能に応じて必要な項目がある

浸水・逸水を防ぐ水密コンクリート

水密コンクリートとは、水槽・プール・地下階などの水圧を受ける部分に使用されるコンクリートです。RC造の水密性を確保する方法は、「コンクリートの透水性を低減させる（遮水性を高める）」「防水層や止水層を設ける」の2つが原則です。地下外壁などでは、万一の漏水に備えて2重壁を設けることもあります。

水密コンクリートの品質

「密実で透水性が低いこと」「収縮ひび割れや温度ひび割れを起こさないこと」「打継ぎ部から水漏れが生じないこと」が水密コンクリートの品質に求められる

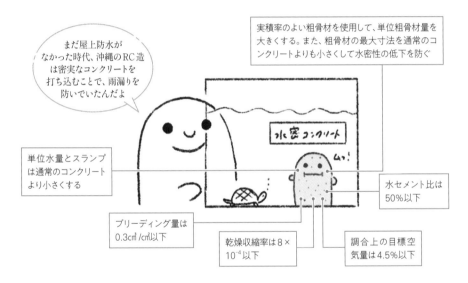

まだ屋上防水がなかった時代、沖縄のRC造は密実なコンクリートを打ち込むことで、雨漏りを防いでいたんだよ

実積率のよい粗骨材を使用して、単位粗骨材量を大きくする。また、粗骨材の最大寸法を通常のコンクリートよりも小さくして水密性の低下を防ぐ

単位水量とスランプは通常のコンクリートより小さくする

水セメント比は50%以下

ブリーディング量は0.3㎤/㎠以下

乾燥収縮率は8×10^{-4}以下

調合上の目標空気量は4.5%以下

水密コンクリートの施工

荷卸し時のコンクリート温度は30℃以下にする

「打重ね時間の間隔を短くする」「バイブレータを適切に使用する」などでコールドジョイントを防止する

先に打ったコンクリート

養生期間は通常コンクリートより2日以上長く確保する

型枠に用いる締付けボルトやセパレータは、漏水が起こらないものを使用する

後に打つコンクリート

水中の打込みに使う水中コンクリート

水中コンクリートとは、水中や安定液内に打ち込むコンクリートのことです。河川や海洋などの水面下の広い空間・場所打ちコンクリート杭・RC地下連続壁など地中の狭い場所の施工に用います。通常のコンクリートよりも強度低下や材料分離のリスクが高いので、適切な施工方法の選定が重要となります。

水中コンクリートの調合

単位水量を少なくして粘性を高め、緻密性と強度を上げるために減水剤を添加する。またバイブレータなどを使用した締固めができないので、適度な流動性を確保し、材料分離を少なくするために細骨材率を高くすることも重要

一般的な水中コンクリートは、単位セメント量が370kg/㎥以上、水セメント比が50%以下と規定されている

水中コンクリートは、通常のコンクリートに比べて強度が低下する。そのため配合強度は、標準供試体強度の0.6〜0.8倍に設定する

打込みのポイント

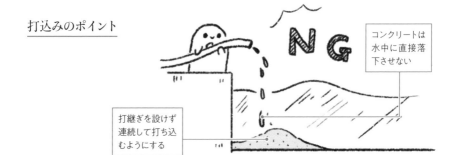

コンクリートは水中に直接落下させない

打継ぎを設けず連続して打ち込むようにする

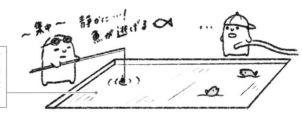

静水（流速3m/分以下）に打ち込むのが原則。できない場合でも流速5cm/秒以下の状態を確保する

場所打ちコンクリート杭の施工

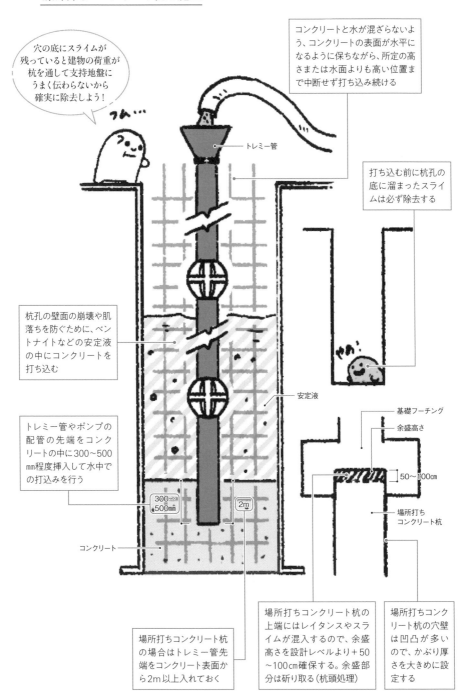

穴の底にスライムが残っていると建物の荷重が杭を通して支持地盤にうまく伝わらないから確実に除去しよう!

つん…

コンクリートと水が混ざらないよう、コンクリートの表面が水平になるように保ちながら、所定の高さまたは水面よりも高い位置まで中断せず打ち込み続ける

トレミー管

打ち込む前に杭孔の底に溜まったスライムは必ず除去する

やめろ

杭孔の壁面の崩壊や肌落ちを防ぐために、ベントナイトなどの安定液の中にコンクリートを打ち込む

安定液

基礎フーチング

余盛高さ

50〜100cm

場所打ちコンクリート杭

トレミー管やポンプの配管の先端をコンクリートの中に300〜500mm程度挿入して水中での打込みを行う

300〜500mm

2m

コンクリート

場所打ちコンクリート杭の場合はトレミー管先端をコンクリート表面から2m以上入れておく

場所打ちコンクリート杭の上端にはレイタンスやスライムが混入するので、余盛高さを設計レベルより+50〜100cm確保する。余盛部分は斫り取る(杭頭処理)

場所打ちコンクリート杭の穴壁は凹凸が多いので、かぶり厚さを大きめに設定する

冬期には寒さに強い寒中コンクリート

打込み後の経過日数が浅い(初期材齢)コンクリートは、凍結すると初期凍害を受けてしまいます。初期凍害を受けると、その後、適切に養生したとしても、強度・耐久性・水密性などは著しく低下するので、気温が下がる冬期の施工には、寒中コンクリートを用いる必要があります。

寒中コンクリートの適温

JASS5では、コンクリートの打込み期間が「①打込み日を含む"旬"の日平均気温が4℃以下の期間」「②打込み後91日までの積算温度 M91 が840°D・Dを下回る期間」のどちらかに該当する場合は、寒中コンクリートで施工を行うこととしている

「旬」っていうのは
1カ月間を上旬(1〜10日)
中旬(11〜20日)
下旬(21〜31日)に区切る
考え方だよ

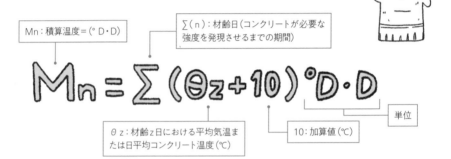

Mn:積算温度=(°D・D)

$\sum(n)$:材齢日(コンクリートが必要な強度を発現させるまでの期間)

$$Mn = \sum (\theta_z + 10)°D \cdot D$$

単位

θ_z:材齢z日における平均気温または日平均コンクリート温度(℃)

10:加算値(℃)

材料は冷やさない

寒中コンクリートに使用するセメントは普通・早強ポルトランドセメントが標準。骨材や練混ぜ水は冷えないように貯蔵する

セメントの加熱や骨材を直火で熱することは禁止されている

日平均気温のデータは気象庁から入手しよう

調合で空気連行を高める

AE剤・AE減水剤・高性能AE減水剤などの混和剤を用いて空気連行させ、凍結融解抵抗性を高め、単位水量や水セメント比をできるだけ少なくして初期凍害を防止する

運搬・荷卸し時の温度

荷卸し時点のコンクリート温度は10〜20℃を原則とする。またセメントの瞬結［※］を防止するためにミキサー内の骨材や水の温度は40℃以下とする

打込み時は型枠の氷雪を除去する

寒中コンクリートの打込み時は、鉄筋や型枠などに氷雪が付着していないことを確認する。また氷った地盤は不均等な沈下を起こすので凍結した地盤上にコンクリートを打ち込んではならない

冷えないように養生する

コンクリートが初期凍害を受けなくなるまで（5.0N/㎟以上の強度が発現するまで）、保温養生（加熱養生・断熱養生・被覆養生）が必要となる

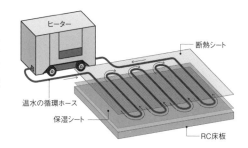

※ 急結ともいう。水を加えられたセメントが急激な水和反応によって発熱し硬化する現象。練返しによって軟らかくなる偽凝結とは異なる。冬期コンクリートや漏水箇所の止水工事などの急硬性を必要とする工事には急結剤を用いる

暑い日は暑中コンクリートを使う

地球温暖化が深刻な現在、夏期には最高気温が30℃以上になる日が続くこともめずらしくありません。コンクリートは温度が高いと、セメントの水和反応が急速に進んで凝結が早まります。さらに運搬中の水分蒸発も相まってスランプも大きく低下するため、ワーカビリティが悪くなりやすいです。日平均気温が25℃を超えることが予想される場合は、暑中コンクリートで施工を行いましょう。

暑中コンクリートの注意点

暑中コンクリートはコールドジョイントができやすく、急激な水分蒸発によってプラスチック収縮ひび割れが発生しやすい。また初期強度の発現は早いが、長期材齢時の強度の伸びが小さい

コールドジョイントに注意

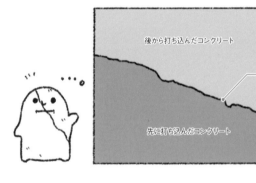

後から打ち込んだコンクリート

先に打ち込んだコンクリート

コールドジョイントとは、先に打ち込んだコンクリートと後から打ち込んだコンクリートの打重ね部分が一体化せず、不連続な面が形成されること。コールドジョイントは構造上・水密上の弱点となるだけでなく、見た目も悪くなる

プラスチック収縮ひび割れに注意

プラスチック収縮ひび割れとは、コンクリートが完全に硬化する前に、練混ぜ水の蒸発によって表面が乾燥収縮する現象こと。コンクリートの表面に細かいひび割れが発生する

水セメント比が小さいコンクリートはブリーディング水の蒸発が早いためプラスチック収縮ひび割れが生じやすい。表面仕上げの後、すばやく十分に湿潤養生を行い、防風や直射日光対策も講じる必要がある

ブリーディングの量が少ないほど練混ぜ水が蒸発しやすくなって、気温・風・湿度など影響を受けやすくなるんだね

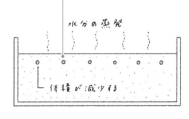

水分の蒸発

体積が減少する

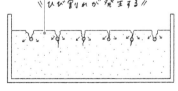

ひび割れが発生する

温度上昇に強い材料を使う

コールドジョイントやプラスチック収縮ひび割れの発生を防ぐために、暑中コンクリートの材料には、水和反応に伴う発熱量が多いセメントは用いない。中庸熱・低熱・混合セメントなどの水和熱の低いセメントを使用する

単位水量の増加・スランプの低下・過度に早い凝結・プラスチック収縮ひび割れ・強度低下などの現象を改善または緩和するためには、(高性能) AE 減水剤遅延形・(高性能) 減水剤遅延形がなどの混和剤が有効

セメント温度が8℃、骨材温度が2℃、練混ぜ水が4℃上がると、コンクリートの温度が1℃上がるよ

温度と運搬時間の目安

JASS5では、コンクリートの練上り温度は気温条件や運搬時間を考慮して定めるものとしている。荷卸し時の気温は原則35℃以下。また練混ぜから打込み終了までの時間は、外気温が25℃以上では90分、25℃未満では120分が運搬時間の限度である

コンクリートは、時間の経過とともにスランプや空気量が減少する

スランプ&空気量 DOWN!

JASS 5 2022では、日平均気温が28℃を超える期間として「酷暑期」の規定が新設されたよ。スランプの目標値は21cmと流動化コンクリート並み!

コンクリート工場　運搬　荷卸し・打設

運搬時はスランプの低下が特に大きいため、現場と工場との連絡を密にして、運搬時間や現場の待ち時間を極力短くすることが重要

ドラム部に遮熱シートを巻いたり、遮熱塗料を塗ったアジテータ車で運搬するといった対策も実用化している

JIS A 5308「レディーミクストコンクリート」では、季節に関係なく練混ぜから荷卸しまでの時間を1.5時間以内としている

養生の日数

打込み後は、水和反応に必要な水分が不足しないように、急激な水分の発散を防がなければならない。所定の日数の間はコンクリートの表面を保護し湿潤状態を保つことが重要

日平均気温	普通ポルトランドセメント	早強ポルトランドセメント	混合セメントB種
15℃以上	5日	3日	7日
10℃以上	7日	4日	9日
5℃以上	9日	5日	12日

マスコンクリートの大敵は「ひび割れ」

マスコンクリートとは「massive：大断面」のコンクリートのことです。部材寸法が大きいので、セメントの水和熱による温度上昇を考慮して施工する必要があります。これまでは最小断面が壁や梁で80cm以上、マット状部材や柱で100cm以上のものを対象としていましたが、最近では3次元解析を行った結果、温度ひび割れが発生し得るものをマスコンクリートとして取り扱います。

温度ひび割れのメカニズム

温度ひび割れには「内部拘束によるひび割れ」と「外部拘束によるひび割れ」の2種類がある

内部拘束によるひび割れ

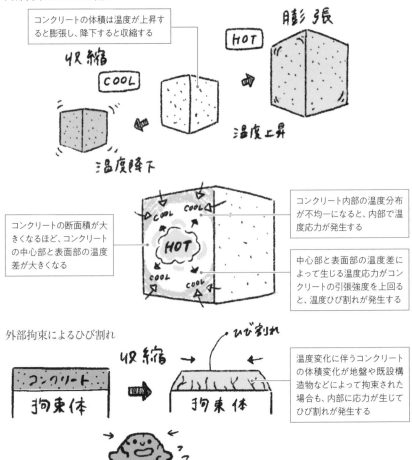

コンクリートの体積は温度が上昇すると膨張し、降下すると収縮する

膨張 HOT 温度上昇

収縮 COOL 温度降下

コンクリートの断面積が大きくなるほど、コンクリートの中心部と表面部の温度差が大きくなる

コンクリート内部の温度分布が不均一になると、内部で温度応力が発生する

中心部と表面部の温度差によって生じる温度応力がコンクリートの引張強度を上回ると、温度ひび割れが発生する

外部拘束によるひび割れ

収縮 ひび割れ

コンクリート 拘束体 拘束体

温度変化に伴うコンクリートの体積変化が地盤や既設構造物などによって拘束された場合も、内部に応力が生じてひび割れが発生する

コンクリートの温度上昇を低減させる

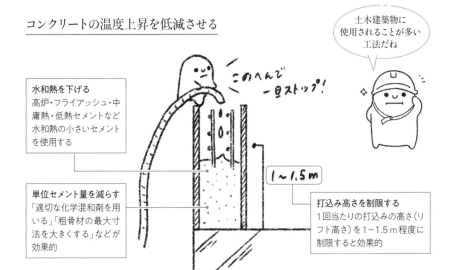

水和熱を下げる
高炉・フライアッシュ・中庸熱・低熱セメントなど水和熱の小さいセメントを使用する

単位セメント量を減らす
「適切な化学混和剤を用いる」「粗骨材の最大寸法を大きくする」などが効果的

打込み高さを制限する
1回当たりの打込みの高さ(リフト高さ)を1〜1.5 m程度に制限すると効果的

外部拘束を低減させる

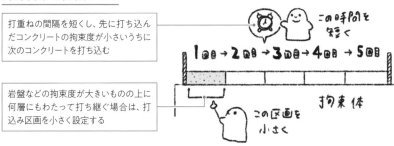

打重ねの間隔を短くし、先に打ち込んだコンクリートの拘束度が小さいうちに次のコンクリートを打ち込む

岩盤などの拘束度が大きいものの上に何層にもわたって打ち継ぐ場合は、打込み区画を小さく設定する

コンクリート表面の急冷を避ける

十分な養生期間(材齢)を確保し、保温性型枠や保温性のよい材料で覆うことで、部材内外温度差を抑制したり、温度降下速度を調整したりする

パイプクーリング

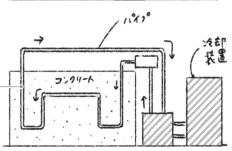

外径25mm程度の薄肉鋼管をコンクリート部材内に埋め込み、パイプ内に冷水や空気を流して冷却する。コンクリート温度と通水温度の差は20℃程度以下

充塡しにくい躯体には流動化・高流動化コンクリート

流動化コンクリートや高流動化コンクリートには、バイブレータの振動によって締め固めることなく、型枠の隅々までコンクリートを充塡させられる自己充塡性があります。時代が進むにつれて、RC造の部材断面が小さくなり、配筋の密度が高くなるなかで、充塡性の改善や打込み作業の合理化のために開発されました。

流動化コンクリートのスランプ試験

流動化コンクリートは、あらかじめ生コン工場で練り混ぜられたベースコンクリートに、施工現場で流動化剤を添加することで流動性を高める

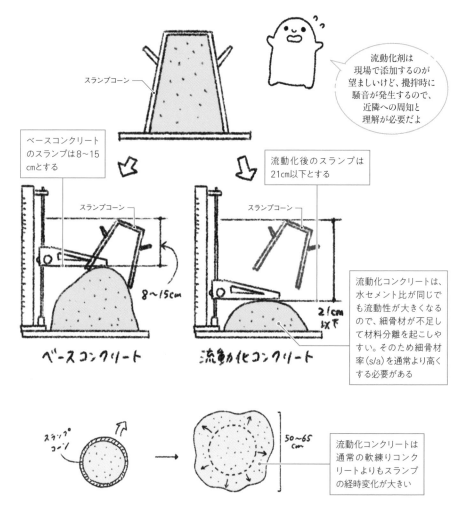

スランプコーン

流動化剤は現場で添加するのが望ましいけど、攪拌時に騒音が発生するので、近隣への周知と理解が必要だよ

ベースコンクリートのスランプは8〜15cmとする

流動化後のスランプは21cm以下とする

スランプコーン

スランプコーン

8〜15cm

21cm以下

ベースコンクリート

流動化コンクリート

流動化コンクリートは、水セメント比が同じでも流動性が大きくなるので、細骨材が不足して材料分離を起こしやすい。そのため細骨材率(s/a)を通常より高くする必要がある

スランプコーン

50〜65cm

流動化コンクリートは通常の軟練りコンクリートよりもスランプの経時変化が大きい

高流動化コンクリートの施工上の注意点

高流動化コンクリートとは、フレッシュコンクリートの材料分離抵抗性を損なうことなく流動性を著しく高めたコンクリートのこと。高性能AE減水剤などの混和剤を使用する

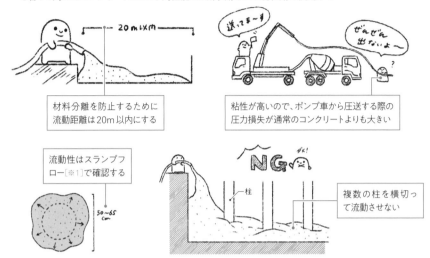

材料分離を防止するために流動距離は20m以内にする

粘性が高いので、ポンプ車から圧送する際の圧力損失が通常のコンクリートよりも大きい

流動性はスランプフロー[※1]で確認する

複数の柱を横切って流動させない

高流動化コンクリートの3つのタイプ

材料分離抵抗性を付与する方法に応じて、粉体系・増粘剤系・併用系の3種類に大別される

粉体系高流動化コンクリート

粉体（セメント）をたくさん入れ、水セメント比を低くすることで材料分離抵抗性を付与する。最も採用例が多い

セメント量が多いので水和発熱が大きくなる。また、必要以上の強度が発現するため高強度コンクリート[40頁参照]扱いとなることがあり、大臣認定が必要

増粘剤系高流動化コンクリート

増粘剤を加えることで粘性を持たせる。単位セメント量が少ない普通コンクリートでも高流動化を図れる。通常は「増粘剤入り高性能AE減水剤」や「増粘剤入りAE剤」を使用する[※2]

併用系高流動化コンクリート

増粘剤だけでは十分な粘性が出せないときに、セメントや石灰微粉など粉体量を増やして適切な材料分離抵抗性を付与する。あまり実績はない

※1 JASS5では、スランプフローの目標値を55～65cmに規定している
※2 適正な増粘効果が得られる呼び強度の範囲は36～45N/㎟程度に限られる。普通コンクリートの範囲内で使用でき、水和発熱が小さい

高強度コンクリートは粘性に注意

高強度コンクリートとは、設計基準強度48N/㎟を超えるコンクリートのことで、主に高層建築物に使用されています。設計基準強度の上限値は定められていませんが、建築基準法第37条第一号では「建築物に使用するコンクリートはJISに適合するもの」とされているので、JIS A 5308の範囲外となる呼び強度（60N/㎟超）の高強度コンクリートは国土交通大臣の認定を取得する必要があります。

製造・打込み・養生の注意点

高強度コンクリートは水セメント比が小さく粘性が高いので分離抵抗性に優れる。しかもスランプは大きい。一方で、ブリーディングがほとんどないためプラスチック収縮ひび割れ[34頁参照]が生じやすく仕上げ作業が難しい

> JASS 5 2022では高強度コンクリートの設計基準強度の境界が36N/㎟から48N/㎟まで引き下げられて、上限も80N/㎟に変更されたよ

製造

> 粘性が高いので練混ぜ時間が長くなる。ミキサーの負荷を小さくするために1回の練混ぜ量が少なくなってしまう

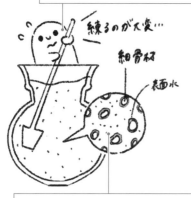

練るのが大変…

細骨材

表面水

> 高強度コンクリートの品質は、通常のコンクリートに比べて使用材料の品質変動の影響を受けやすい。特に水セメント比が小さい高強度コンクリートでは細骨材の表面水率が大きく影響する

打込み

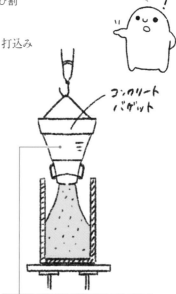

コンクリートバケット

> 圧送負荷が大きいので、コンクリートバケット[171頁参照]を使用することも珍しくない

養生

> 高強度コンクリートは自己収縮[96頁参照]が起こるよ

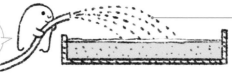

> プラスチック収縮ひび割れを防止するために、水を噴霧する散水養生や被膜養生剤を活用した水分逸散防止を行う

※1 打込まれた実際のコンクリートにより近い環境下での養生を再現するために、直射日光の当たらない工事現場内で行う水中養生のこと
※2 コンクリート表面のセメントペースト部分が剥離する凍害現象

調合設計・材料のポイント

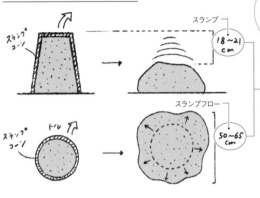

スランプ
18〜21cm

スランプフロー
50〜65cm

高強度コンクリートの場合、実際の構造体と現場水中養生［※1］の供試体では、圧縮強度の発現傾向に大きな差が生じるよ。だから調合設計の際は構造体補正値（mSn）を割り増しするんだ

打込み時のスランプは18〜21cm、スランプフローは50〜65cmの範囲を標準とする

混和剤には高性能AE減水剤もしくは高性能減水剤を用いる

長期強度の増進が大きいことから、材齢を長くとれるように水和熱の少ない普通・低熱・中庸熱セメントを使用することが多い

混和材には強度・耐久性の向上と流動性をよくする目的で、シリカフューム・高炉スラグ融解微粉末・フライアッシュなどを用いる

躯体性能と特徴

火災時には表面が爆裂しやすいので、80N/㎟以上のコンクリートにはポリプロピレン短繊維を混入することもある

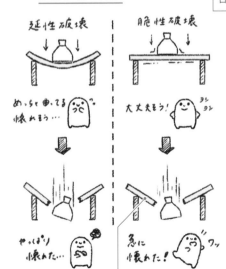

コンクリートは高強度化するほど、脆性破壊的な挙動を示し、自己収縮［96頁参照］が起こる

スケーリング［※2］が小さく、凍結融解による弾性係数の低下が小さいので耐凍害性は高い

軽量・重量コンクリートは骨材の選定が重要

普通コンクリートの比重は約2.3程度ですが、コンクリートはその用途に応じて比重を変える必要があります。比較的比重が軽いコンクリートを「軽量コンクリート」、重いコンクリートを「重量コンクリート」と呼びます。軽量コンクリートは屋上防水の押さえや床面のレベル調整に用いるシンダーコンクリート［※］として採用されます。一方、重量コンクリートは、放射線遮蔽が必要な原子力発電所・X線照射室・アイソトープ貯蔵庫などの構造物に使用されます。

軽量コンクリートに使用する骨材

JIS A 5002「構造用軽量コンクリート骨材」の品質規定に適合し、かつJASS 5M-201「人工軽量骨材の性能判定基準」で品質が確認された骨材を使用する

軽量コンクリート1種

粗骨材だけに人工軽量骨材を用いたコンクリート

人工軽量粗骨材の最大寸法は15mmだよ

軽量コンクリート2種

粗骨材に人工軽量骨材、細骨材に人工軽量骨材または普通細骨材を混合した骨材を用いたコンクリート

ちなみに軽量骨材には、天然軽量骨材・副産軽量骨材・人工軽量骨材の3種類があるよ

軽量コンクリートには低強度の骨材を使うから、構造部材には使用できないよ

重量コンクリートに使用する骨材

重量コンクリートは、比重が2.5〜6.0程度と単位容積重量が大きい。鉄・赤鉄鋼・磁鉄鉱などの比重の大きい骨材を使用する

※ かつてシンダー（炭殻や石炭殻）を骨材として使用していたためこのように呼ばれる

軽量コンクリートの品質管理

軽量コンクリートの骨材は普通の骨材に比べて吸水率が高いので、圧力吸水による単位水量の減少や凍結融解によるひび割れが発生しやすい

プレウェッティング

骨材の事前吸水（プレウェッティング）を十分に行うことで、圧力給水を抑えて、スランプの低下やポンプ配管内閉塞を防止する

軽量コンクリートの骨材は、圧力を加えることで吸水しやすくなる（圧力給水）。そのため、コンクリートの圧送や施工の際にスランプの低下や管内閉塞が起こりやすい

単位セメント量と水セメント比の調整

骨材内部の水分が原因で凍結融解（凍害）によるひび割れが発生しやすいので、主に寒冷地の建築物では、防水押さえに軽量コンクリートを使用しないこともある

空気量5％を標準とし、単位セメント量の最小値を320kg /㎥、水セメント比を55％以下にすることで耐凍害性を確保する

タンピング

表面仕上げを行う場合は、コンクリート表面に浮き出た軽量粗骨材をタンピングなどで内部に押し込む

水中の打込みに優れる水中不分離性コンクリート

水中不分離性コンクリートはセルロース系やアクリル系の混和剤で粘性と材料分離抵抗性を高めることで、水中に直接自由落下させて打ち込めるようにしたコンクリートです。水の洗い作用に対して大きな抵抗性がある一方で、優れた流動性を有しているため、充填性やセルフレベリング性が高いのが特徴です。また、水質をあまり汚濁させません。

水中不分離性コンクリートの品質

水中不分離性コンクリートに使用する混和剤は、土木学会規準
「JSCE-D104」に適合したものを使用する

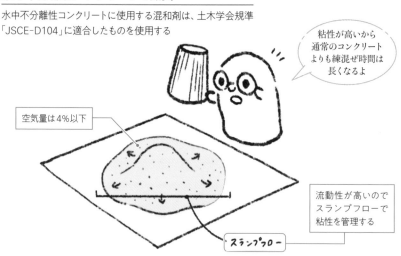

粘性が高いから通常のコンクリートよりも練混ぜ時間は長くなるよ

空気量は4%以下

流動性が高いのでスランプフローで粘性を管理する

スランプフロー

水中不分離性コンクリートの施工

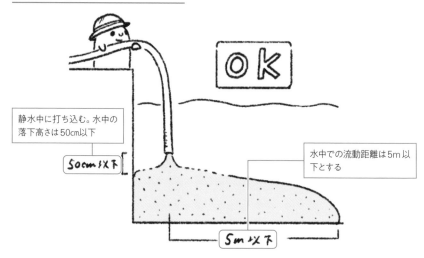

OK

静水中に打ち込む。水中の落下高さは50cm以下

50cm以下

水中での流動距離は5m以下とする

5m以下

海水の作用を受けるコンクリート

海洋構造物などに使用するコンクリートは、海水成分との化学反応による劣化に抵抗し、波浪や凍結融解などの物理的な作用に対する耐久性を有していなければなりません。また、水中不分離性コンクリートと同じように、打込み時の水中における材料分離抵抗性も求められます[※]。

海水の作用を受けるコンクリートの品質

海水の作用を受けるコンクリート構造物は、位置によって浸食状況が異なる。特に干満帯や飛沫帯の部分は、潮の満ち引きや波浪によって乾湿を繰り返すことで、化学的かつ物理的な浸食が最も激しく受ける

海水の作用による主な劣化　　　　　　　　　　　　　　対策として用いられる素材

塩化物イオン浸透による鋼材の腐食

鉄筋

中庸熱ポルトランドセメント・低熱ポルトランドセメント・高炉セメント・フライアッシュセメントがよいとされる

海水成分の化学作用によるコンクリート自体の劣化

波浪や凍結融解などによるコンクリート表面の物理的な損傷

砕けやすい・節理がある・吸水性が高い・強度が小さい・膨張性がある、などの骨材は適さない

海水の作用を受けるコンクリートの施工

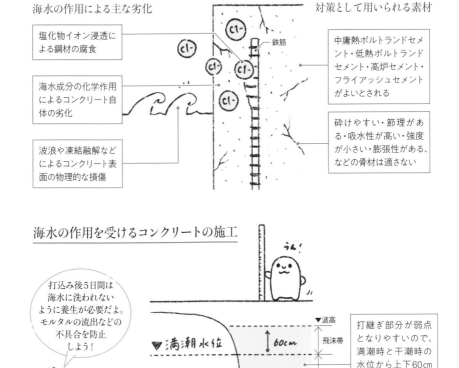

打込み後5日間は海水に洗われないように養生が必要だよ。モルタルの流出などの不具合を防止しよう！

メモ メモ…

▼波高
▼満潮水位　　60cm　　飛沫帯
▼干潮水位　　　　　　　干満帯
60cm

打継ぎ部分が弱点となりやすいので、満潮時と干潮時の水位から上下60cm以内には、打継ぎ箇所を設けないように打ち込む

※ このようなコンクリートは、JASS 5では「海水の作用を受けるコンクリート」、コンクリート示方書では「海洋コンクリート」と呼ばれる

第 2 章

RC造の構造と構法

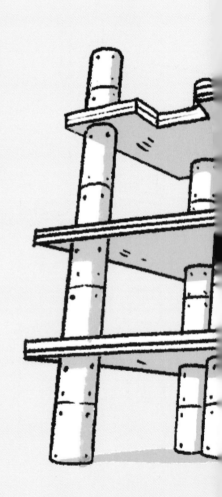

地震が頻発する日本の建築物には、耐震性・使用性・復旧性を含めた構造的な安全性が求められます。RC構造物は、構成材料である鉄筋とコンクリートが、互いの長所を活かし、短所を補い合うことで、優れた構造性能を発揮します。共用期間中に想定される外力に対して、建物が所定の機能を果たし続けられるように、適切な構造形式を選定し、部材断面の設定や構造解析・性能調査をしっかり行いましょう。

力学的に合理性のあるRC構造物を構築するためには、構法や構造躯体の設計・施工上のポイントを知ることが肝要です。構造と聞くと「数字だらけでとっつきにくい」と拒否反応を示す方が多いのですが、意匠設計や施工を担当する方も、構造の原理原則については理解しておきましょう。

コンクリートと鉄筋は協力関係

RC造はコンクリートと鉄筋を組み合わせ、互いの弱点を補い合うことで頑丈な構造を成立させます。コンクリートは「圧縮力」には強いのですが、「引張力」には弱いのでひび割れやすく、一旦割れが発生すると、引張力・曲げモーメント・せん断力といった負荷（応力）に抵抗できません。そこで、「引張力」に強い鉄筋を内部に埋め込んで、この負荷に抵抗しているのです。

合体して強くなる

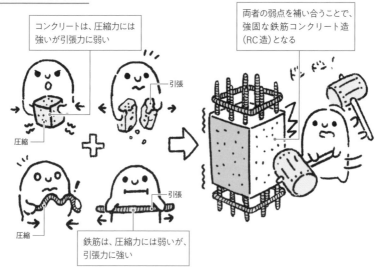

コンクリートは、圧縮力には強いが引張力に弱い

引張

圧縮

両者の弱点を補い合うことで、強固な鉄筋コンクリート造（RC造）となる

引張

圧縮

鉄筋は、圧縮力には弱いが、引張力に強い

コンクリートと鉄筋は相性がいい

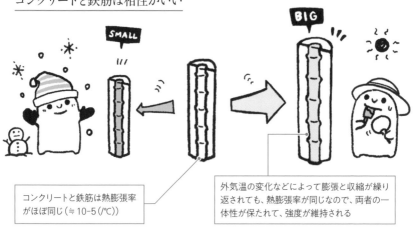

コンクリートと鉄筋は熱膨張率がほぼ同じ（≒10-5(/℃)）

外気温の変化などによって膨張と収縮が繰り返されても、熱膨張率が同じなので、両者の一体性が保たれて、強度が維持される

コンクリートが補う鉄筋の弱点

熱に弱い

コンクリート

鉄筋

鉄筋は熱に弱く350℃前後に加熱されると強度が常温時の2/3まで低下する

350℃

火災などの熱で鉄筋が許容温度（350℃）に達しないように、コンクリートでしっかり包み込んで保護することが大切

錆に弱い

強いアルカリ性（ph≒12.5）のコンクリートに包まれている鉄筋は、不働態被膜に守られている

空気中の二酸化炭素（CO_2）とコンクリートが反応し、コンクリートのアルカリ性が弱まること（中性化）で、不働態被膜が消える

酸化した鉄筋は膨らむので、コンクリートが内側から押されて、亀裂が入ったり剥落したりする

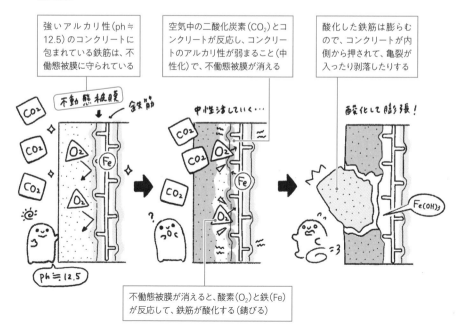

不働態被膜が消えると、酸素（O_2）と鉄（Fe）が反応して、鉄筋が酸化する（錆びる）

壁式構造は使用性は良いが自由度は低い

壁式構造は、柱と梁ではなく、床・壁・天井を囲う6面の耐力壁で建築物を支える構造です。ラーメン構造［52頁参照］よりも耐震性に優れ、阪神淡路大震災でも被害が少なかったという実績があります。

壁式構造のメリット

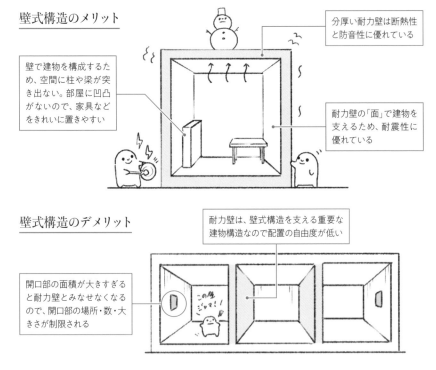

壁で建物を構成するため、空間に柱や梁が突き出ない。部屋に凹凸がないので、家具などをきれいに置きやすい

分厚い耐力壁は断熱性と防音性に優れている

耐力壁の「面」で建物を支えるため、耐震性に優れている

壁式構造のデメリット

耐力壁は、壁式構造を支える重要な建物構造なので配置の自由度が低い

開口部の面積が大きすぎると耐力壁とみなせなくなるので、開口部の場所・数・大きさが制限される

壁式構造の規模

壁式構造で建築可能な建物の階数・階高・軒高は、「平成13年度国土交通省告示第1026号」で規定されているため、超高層建築などを壁式構造で建築することはできない

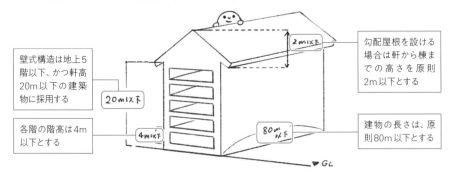

壁式構造は地上5階以下、かつ軒高20m以下の建築物に採用する

20m以下

各階の階高は4m以下とする

4m以下

勾配屋根を設ける場合は軒から棟までの高さを原則2m以下とする

2m以下

建物の長さは、原則80m以下とする

80m以下

▼GL

壁配置の基本

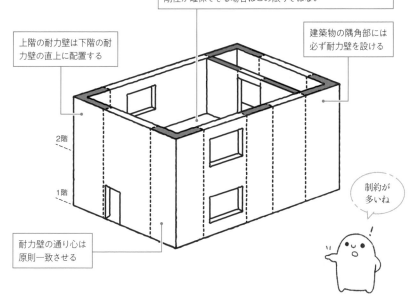

PCa造耐力壁で囲まれた部分の水平投影面積は、原則として60㎡以下とする。ただしスラブ面内および面外方向に所要の剛性が確保できる場合はこの限りではない

上階の耐力壁は下階の耐力壁の直上に配置する

建築物の隅角部には必ず耐力壁を設ける

2階

1階

耐力壁の通り心は原則一致させる

制約が多いね

耐力壁の厚さと壁量

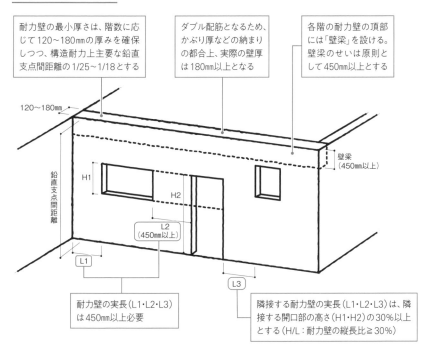

耐力壁の最小厚さは、階数に応じて120～180mmの厚みを確保しつつ、構造耐力上主要な鉛直支点間距離の1/25～1/18とする

ダブル配筋となるため、かぶり厚などの納まりの都合上、実際の壁厚は180mm以上となる

各階の耐力壁の頂部には「壁梁」を設ける。壁梁のせいは原則として450mm以上とする

120～180mm

鉛直支点間距離

H1

H2

L2
(450mm以上)

L1

L3

壁梁
(450mm以上)

耐力壁の実長(L1・L2・L3)は450mm以上必要

隣接する耐力壁の実長(L1・L2・L3)は、隣接する開口部の高さ(H1・H2)の30%以上とする(H/L：耐力壁の縦長比≧30%)

スパンの大きさと開口の広さがラーメン構造の特徴

ラーメン構造は、柱・梁のスパンを大きくできて、開口も設けやすいので、比較的自由度の高い空間を設計できます。柱・梁の断面が大きくなるので、内装や設備との取合いに注意が必要です。

「ラーメン構造」とは？

ラーメン（rahmen）は、ドイツ語で「枠、額縁」を意味する。ラーメン構造はその名の通り、柱や梁で構成された枠を立体的に組み合わせることで建物を支える架構形式である

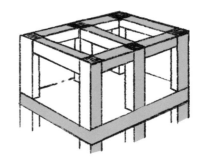

ラーメン構造は剛接合

ピン接合は水平力に耐えられない

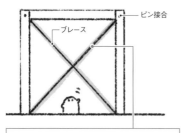

ピン接合

ブレース

木造軸組構造や軽量鉄骨造は一見似ているように思えるが、部材の接合部が「ピン接合」なので、ブレースなどを入れなければ水平力に耐えられない

剛接合にすればフレームだけで耐えられる

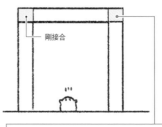

剛接合

ラーメン構造は、部材の接合部が「剛接合」されているので、柱・梁の枠組みだけで水平力を受けられる。ただしピン接合に比べて、柱や梁の断面寸法は大きく複雑になる

ラーメン構造の力の流れ

鉛直荷重の流れ

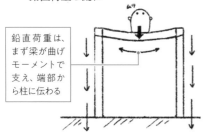

鉛直荷重は、まず梁が曲げモーメントで支え、端部から柱に伝わる

水平力の流れ

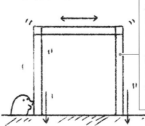

水平力は、剛接合された柱と梁が一体となって曲げ応力とせん断力で抵抗する。耐力壁を追加することで水平剛性が増し、架構全体の安全性がさらに向上する

そのほかのさまざまな構造形式

RC造の建築物は、ほとんどが壁式構造かラーメン構造ですが、建物の規模や用途に応じて、ほかにもさまざまな構造形式が採用されています。構造体に求められる耐久性を十分に満足させることはもちろん、外観や空間の意匠性にも大きく関わるので、性能とデザインの両面から最適なものを選択しましょう。

フラットスラブ構造

柱頭部のキャピタルを介して柱に力を流す無梁版構造。大梁や小梁がなくなるので、開放的な空間が可能となり、有効天井高も高くなる

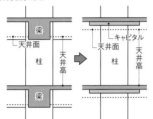

アーチ構造

躯体を半円形に組み上げることで、架構に働く荷重を圧縮力に変換する構造形成。橋梁などの土木構造物や教会・寺院・体育施設などに採用されている

シェル構造

薄い板状の貝殻(シェル)のような曲面で、外圧に対抗する構造形式。軽くて丈夫なので、柱の少ない大スパン構造物を形成できる。丹下健三設計の東京カテドラル聖マリア大聖堂などが有名

折板構造

平らな板を折り曲げて剛性や耐力を高める構造。折板屋根と同じ仕組みである。横浜港大さん橋国際客船ターミナルが代表的

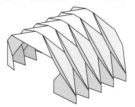

吊り構造

ケーブルの引張力によって屋根や建築物の重量を支える構造型式。経済効率が高い。国立代々木競技場(第一・第二体育館)が代表的

構造躯体に求められる3つの基本性能

どのような構造形式であっても、RC造では使用性・損傷制御性・安全性の3つの性能が確保されていることを構造計算によって確認する必要がある

使用性
長期間作用する荷重によって使用上の支障が生じないこと

損傷制御性
数十年に1度遭遇する程度の地震・台風・積雪を受けても、補修せずに建物を継続使用できること

安全性
数百年に1度遭遇する程度の大地震が起っても、建物の転倒・崩壊を防止し人命の安全を確保できること

RC造の強化版！「SRC造」

鉄骨鉄筋コンクリート(SRC：Steel Reinforced Concrete)造は、鉄筋コンクリート内部に鉄骨を配した構造です。RC造よりも耐震性に優れ、主に高層建築物に採用されています。

SRC構造のメリット

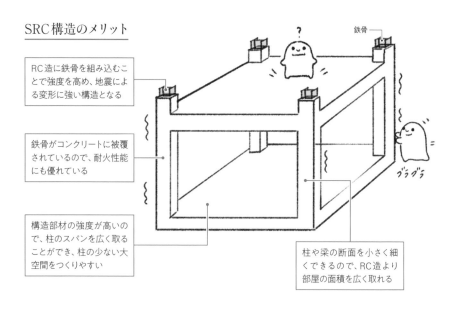

RC造に鉄骨を組み込むことで強度を高め、地震による変形に強い構造となる

鉄骨がコンクリートに被覆されているので、耐火性能にも優れている

構造部材の強度が高いので、柱のスパンを広く取ることができ、柱の少ない大空間をつくりやすい

柱や梁の断面を小さく細くできるので、RC造より部屋の面積を広く取れる

鉄骨

SRC構造のデメリット

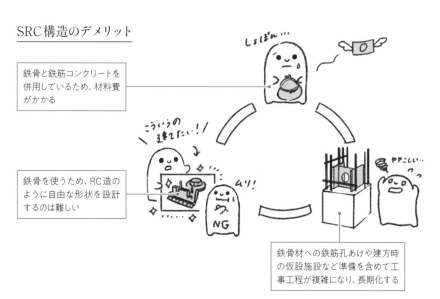

鉄骨と鉄筋コンクリートを併用しているため、材料費がかかる

鉄骨を使うため、RC造のように自由な形状を設計するのは難しい

鉄骨材への鉄筋孔あけや建方時の仮設施設など準備を含めて工事工程が複雑になり、長期化する

SRC造の配筋

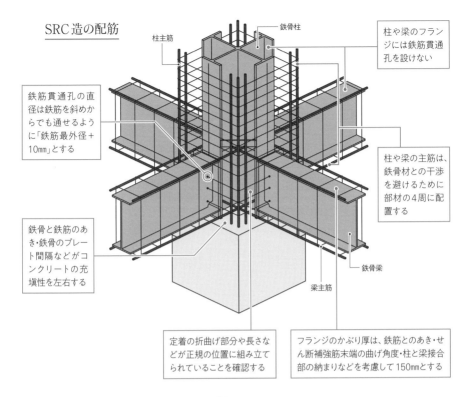

鉄骨柱

柱主筋

柱や梁のフランジには鉄筋貫通孔を設けない

鉄筋貫通孔の直径は鉄筋を斜めからでも通せるように「鉄筋最外径＋10mm」とする

柱や梁の主筋は、鉄骨材との干渉を避けるために部材の4周に配置する

鉄骨と鉄筋のあき・鉄骨のプレート間隔などがコンクリートの充填性を左右する

鉄骨梁

梁主筋

定着の折曲げ部分や長さなどが正規の位置に組み立てられていることを確認する

フランジのかぶり厚は、鉄筋とのあき・せん断補強筋末端の曲げ角度・柱と梁接合部の納まりなどを考慮して150mmとする

施工中は鉄骨の自立性を十分に確保する！

SRC造は、配筋・型枠作業の前に鉄骨材を建て込み、構造負担をさせる。しかし鉄骨量が少ないので、純粋なS造のような自立性がない場合がある。しっかり補強しないと風圧力などで梁が座屈して倒壊することもあるので、十分に自立性を確保しなければならない

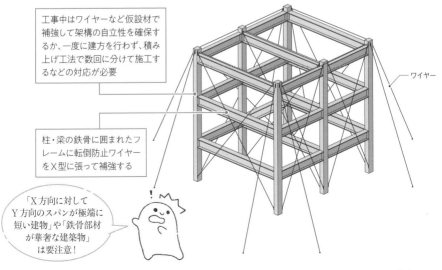

工事中はワイヤーなど仮設材で補強して架構の自立性を確保するか、一度に建方を行わず、積み上げ工法で数回に分けて施工するなどの対応が必要

ワイヤー

柱・梁の鉄骨に囲まれたフレームに転倒防止ワイヤーをX型に張って補強する

「X方向に対してY方向のスパンが極端に短い建物」や「鉄骨部材が華奢な建築物」は要注意！

RC造やSRC造をさらに発展させた混合構造

RC造やSRC造はコンクリートと鉄筋・鉄骨材料を組み合わせて1つの構造体を構成するハイブリッド構造です。近年は、これらの構造に加えて、「CFT構造」や「RCS構造」のような、異種部材を連結して1つの構造体を構成する「混合構造」の開発・実用化が盛んに行われています。

CFT構造

鋼管柱(円柱・角柱)内部にコンクリートを充填する工法。鋼管が内部のコンクリートを拘束して崩壊を防ぎ、圧縮力に強いコンクリートが鋼管の座屈を抑制する

CFT構造の構造的な特徴

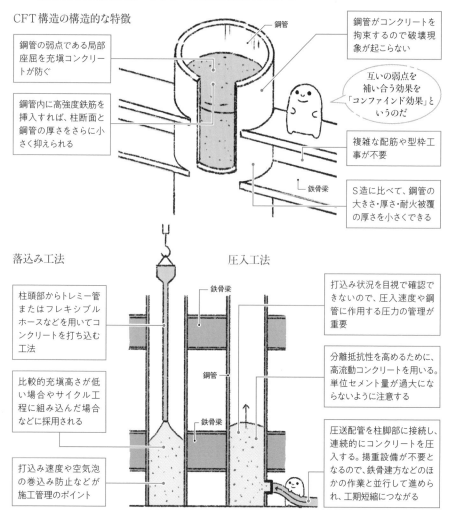

鋼管

鋼管の弱点である局部座屈を充填コンクリートが防ぐ

鋼管内に高強度鉄筋を挿入すれば、柱断面と鋼管の厚さをさらに小さく抑えられる

鋼管がコンクリートを拘束するので破壊現象が起こらない

互いの弱点を補い合う効果を「コンファインド効果」というのだ

複雑な配筋や型枠工事が不要

鉄骨梁

S造に比べて、鋼管の大きさ・厚さ・耐火被覆の厚さを小さくできる

落込み工法

圧入工法

鉄骨梁

鋼管

鉄骨梁

柱頭部からトレミー管またはフレキシブルホースなどを用いてコンクリートを打ち込む工法

比較的充填高さが低い場合やサイクル工程に組み込んだ場合などに採用される

打込み速度や空気泡の巻込み防止などが施工管理のポイント

打込み状況を目視で確認できないので、圧入速度や鋼管に作用する圧力の管理が重要

分離抵抗性を高めるために、高流動コンクリートを用いる。単位セメント量が過大にならないように注意する

圧送配管を柱脚部に接続し、連続的にコンクリートを圧入する。揚重設備が不要となるので、鉄骨建方などのほかの作業と並行して進められ、工期短縮につながる

RCS構造

RCS構造は、圧縮力に強いRC造で柱を、軽量で曲げ・せん断力に強いS造で梁を構築する混合構造である。S造の梁によってロングスパン化が可能となり、RC造の柱で大重量を支えることで、広い空間を実現できる。またロングスパン化は柱や杭の本数低減につながる。積載荷重の大きな店舗や重量倉庫建築物などに適している

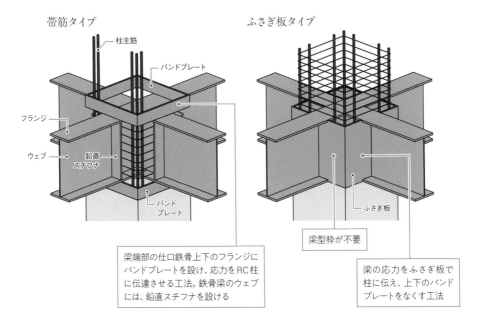

帯筋タイプ

柱主筋
バンドプレート
フランジ
ウェブ
鉛直スチフナ
バンドプレート

梁端部の仕口鉄骨上下のフランジにバンドプレートを設け、応力をRC柱に伝達させる工法。鉄骨梁のウェブには、鉛直スチフナを設ける

ふさぎ板タイプ

ふさぎ板
梁型枠が不要

梁の応力をふさぎ板で柱に伝え、上下のバンドプレートをなくす工法

境界プレートタイプ

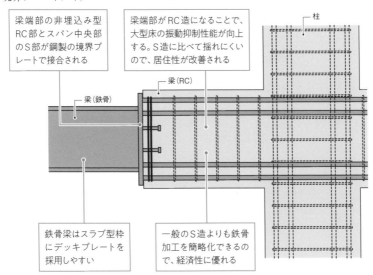

梁端部の非埋込み型RC部とスパン中央部のS部が鋼製の境界プレートで接合される

梁端部がRC造になることで、大型床の振動抑制性能が向上する。S造に比べて揺れにくいので、居住性が改善される

梁（鉄骨）
梁（RC）
柱

鉄骨梁はスラブ型枠にデッキプレートを採用しやすい

一般のS造よりも鉄骨加工を簡略化できるので、経済性に優れる

架構バランスから柱の位置・間隔・断面を決める

柱の配置は、建築物の形状やコストに影響するので、十分な検討が必要です。できる限り等間隔になるようにスパンを割り付け、上下階で位置がそろうようにします。特に下階の柱の本数が少ないと、上階の荷重を支えるために梁が大きくなり、その梁の両端を支える柱の断面も大きくなるため、架構のバランスが崩れていきます。

柱のスパンは均等にする

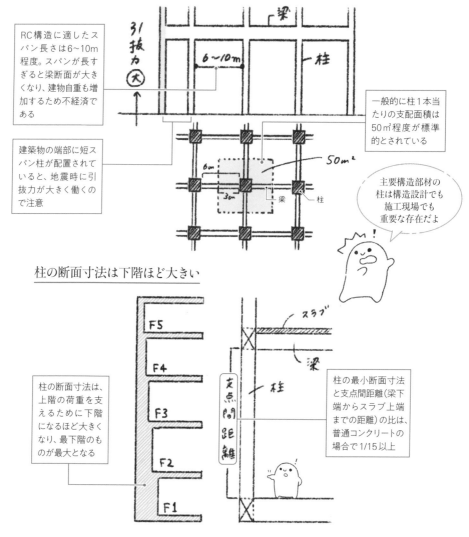

RC構造に適したスパン長さは6〜10m程度。スパンが長すぎると梁断面が大きくなり、建物自重も増加するため不経済である

建築物の端部に短スパン柱が配置されていると、地震時に引抜力が大きく働くので注意

一般的に柱1本当たりの支配面積は50㎡程度が標準的とされている

主要構造部材の柱は構造設計でも施工現場でも重要な存在だよ

柱の断面寸法は下階ほど大きい

柱の断面寸法は、上階の荷重を支えるために下階になるほど大きくなり、最下階のものが最大となる

柱の最小断面寸法と支点間距離（梁下端からスラブ上端までの距離）の比は、普通コンクリートの場合で1/15以上

柱の主筋

柱主筋の全断面積はコンクリートの全断面の0.8%以上とする。また、主筋はD13以上の異形鉄筋を一辺当たり4本以上配置する必要がある

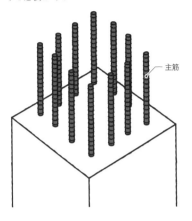

主筋

柱のせん断補強筋（帯筋・フープ筋）

柱のせん断補強筋には、9mm以上の丸鋼またはD10以上の異形棒鋼を用いる。また、せん断補強筋比は0.2%以上とする

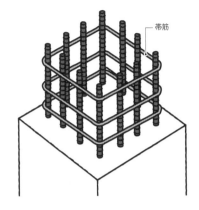

帯筋

せん断補強筋比の求め方

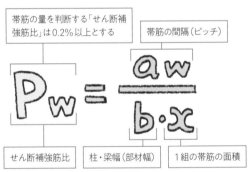

帯筋の量を判断する「せん断補強筋比」は0.2%以上とする

帯筋の間隔（ピッチ）

$$P_w = \frac{a_w}{b \cdot x}$$

せん断補強筋比

柱・梁幅（部材幅）

1組の帯筋の面積

さらに高強度のせん断補強筋

一般的なせん断補強筋は、柱筋に1本1本巻き付けて施工するが、柱や梁の粘り強さを向上させ、耐震性能を高めるために「高強度溶接閉鎖型せん断補強筋」や「スパイラル筋」を用いる場合もある

高強度溶接閉鎖型せん断補強筋

高強度溶接閉鎖型せん断補強筋とは、鉄筋の継ぎ目を工場でフラッシュバット方式で溶接したもの

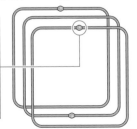

スパイラル筋

スパイラル筋とは、1本1本独立しているのではなく、鉄筋を螺旋状に巻き付けて使用する

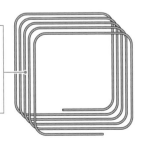

梁は荷重伝達の要となる部材

梁には大梁と小梁があります。大梁は柱どうしを結び、垂直荷重と地震などの水平力に抵抗します。小梁は大梁どうしを結び、スラブに働く垂直荷重のみを負担して、大梁に伝える役割があります。このほかスラブの区画を小さく分割するために、孫梁を設けることもあります。

大梁のせいの目安

構造設計上では長方形梁とT形梁の2つの考え方があるがあるが、どちらも梁成の目安はスパンの1/10程度

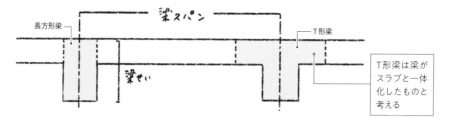

長方形梁　梁スパン　梁せい　T形梁

T形梁は梁が
スラブと一体
化したものと
考える

梁のせん断補強筋（あばら筋・スターラップ筋）

せん断補強筋は、梁のせん断耐力を高め、梁主筋を拘束する。スターラップ筋やあばら筋と呼ばれる

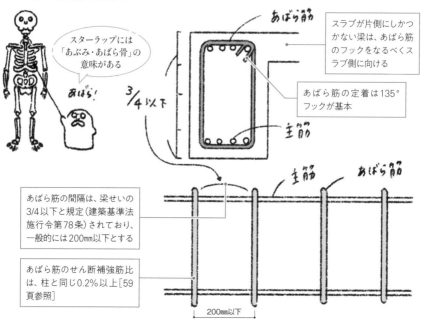

スターラップには
「あぶみ・あばら骨」の
意味がある

あば！

あばら筋

3/4以下

主筋

スラブが片側にしかつかない梁は、あばら筋のフックをなるべくスラブ側に向ける

あばら筋の定着は135°フックが基本

主筋　あばら筋

あばら筋の間隔は、梁せいの3/4以下と規定（建築基準法施行令第78条）されており、一般的には200mm以下とする

あばら筋のせん断補強筋比は、柱と同じ0.2%以上［59頁参照］

200mm以下

柱・梁接合部（パネルゾーン）は より高い耐力が必要

柱と梁の接合部は「剛接合」となるため、柱と梁の一般部以上の耐力が必要となる。柱と梁の断面寸法・鉄筋量・配筋順序などは構造設計段階から入念な検討を行う

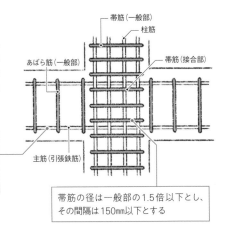

帯筋（一般部）

柱筋

あばら筋（一般部）

帯筋（接合部）

主筋（引張鉄筋）

柱・梁の鉄筋の本数や強度が高いほど、接合部に大きなせん断力が働く。主筋（引張鉄筋）が多い梁は要注意

帯筋の径は一般部の1.5倍以下とし、その間隔は150mm以下とする

小梁と孫梁でスラブの面積を調整する

大梁のスパンが大きくなるとスラブ強度が不足する。そこで小梁や孫梁を配置してスラブの面積を小さくする必要がある

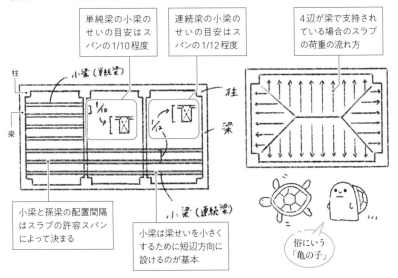

単純梁の小梁のせいの目安はスパンの1/10程度

連続梁の小梁のせいの目安はスパンの1/12程度

4辺が梁で支持されている場合のスラブの荷重の流れ方

柱

梁

小梁（単純梁）

1/10

1/12

柱

梁

小梁（連続梁）

小梁と孫梁の配置間隔はスラブの許容スパンによって決まる

小梁は梁せいを小さくするために短辺方向に設けるのが基本

俗にいう「亀の子」

逆梁というのもある

「逆梁」は一般の梁と異なり、床スラブから立ち上がるように設置する梁のこと。天井面がフラットになる

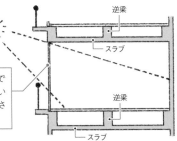

逆梁

スラブ

逆梁

スラブ

逆梁工法はサッシを天井近くまで高くすることができる。眺望がよいので高層マンションで多く採用されている

壁は耐力以外にもさまざまな性能が求められる

RC造の壁の厚さは原則として120mm以上かつ内法高さの1/30以上とする必要があります(『鉄筋コンクリート構造計算規準・同解説』による)。しかし、一般的には150mm以上とすることが多く、マンションの界壁(住戸を仕切る壁)や外壁では、遮音性や防音性に配慮して200mmとすることもあります。

耐力壁はバランスよく配置する

壁は耐力壁と非耐震壁に区分され、構造設計においては耐力壁の配置が重要である

耐力壁の平面配置

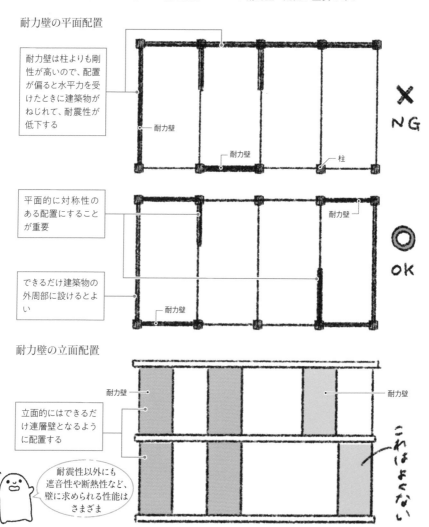

耐力壁は柱よりも剛性が高いので、配置が偏ると水平力を受けたときに建築物がねじれて、耐震性が低下する

耐力壁

耐力壁

柱

X
NG

平面的に対称性のある配置にすることが重要

耐力壁

できるだけ建築物の外周部に設けるとよい

耐力壁

O
OK

耐力壁の立面配置

耐力壁

耐力壁

立面的にはできるだけ連層壁となるように配置する

耐震性以外にも遮音性や断熱性など、壁に求められる性能はさまざま

これはよくない

開口部は構造的な弱点になるので補強する

扉・窓・設備用の貫通孔などのために、壁には開口部が設けられる。非耐力壁であれば問題はないが、耐力壁に大きな開口部を設けると耐震性がなくなるので、規定の面積以下に抑えると同時に、しっかりと補強する必要がある

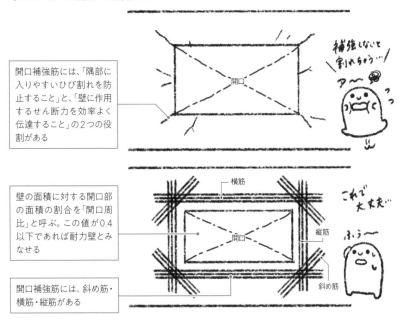

開口補強筋には、「隅部に入りやすいひび割れを防止すること」と、「壁に作用するせん断力を効率よく伝達すること」の2つの役割がある

壁の面積に対する開口部の面積の割合を「開口周比」と呼ぶ。この値が0.4以下であれば耐力壁とみなせる

開口補強筋には、斜め筋・横筋・縦筋がある

横筋

縦筋

斜め筋

地下外壁は止水性をしっかり確保する

地下外壁は、土圧や地下水圧に耐えられるように設計する。また、地下水の浸入にも注意しなければならない。施工に際しては止水板[177頁参照]を設けたり、打継ぎをできるだけ少なくしたりするなどの対策が必要である

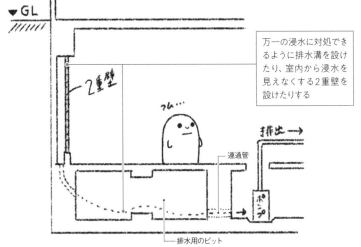

▼GL

2重壁

万一の浸水に対処できるように排水溝を設けたり、室内から浸水を見えなくする2重壁を設けたりする

排出 →

連通管

ポンプ

排水用のピット

スラブは積載物をしっかり支えられる厚みにする

床には、「人・什器・備品などの鉛直荷重を長期にわたり支える」「地震力を各階の柱・梁・耐力壁などに分配する」という2つの構造的機能があります。そのためには長期荷重と面内せん断力に対して強くなければなりません。特に大面積の床や片持ちスラブの長期荷重に対しては、配筋による構造の安全性はもちろん、たわみや遮音性の確認も必要です。

スラブの厚さは荷重の大きさに影響される

建築基準法には「床の厚さは80mm以上かつ短辺方向の有効梁間長さの1/40以上とする」という規定がある。一般的には150〜200mmに設定される

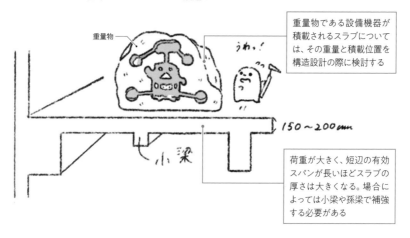

重量物

うわっ！

重量物である設備機器が積載されるスラブについては、その重量と積載位置を構造設計の際に検討する

150〜200mm

小梁

荷重が大きく、短辺の有効スパンが長いほどスラブの厚さは大きくなる。場合によっては小梁や孫梁で補強する必要がある

跳ね出し部のたわみに注意

たわみは周辺の固定方法に応じて算定する。クリープによるたわみが増大することを見越して変形増大係数を乗じ、所定の変形角（1/250）以下になることを確認する

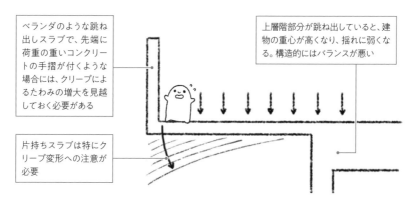

ベランダのような跳ね出しスラブで、先端に荷重の重いコンクリートの手摺が付くような場合には、クリープによるたわみの増大を見越しておく必要がある

上層階部分が跳ね出していると、建物の重心が高くなり、揺れに弱くなる。構造的にはバランスが悪い

片持ちスラブは特にクリープ変形への注意が必要

建物全体を支える耐圧版

基礎の耐圧版は、上部構造の全荷重を支える役割を持つ。独立基礎の場合は耐圧版ではなく、土間スラブと呼ばれ、構造的な役割はない

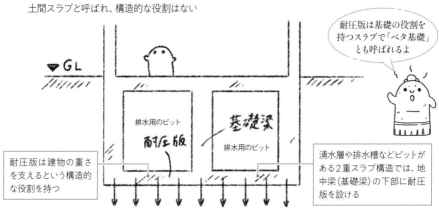

耐圧版は基礎の役割を持つスラブで「ベタ基礎」とも呼ばれるよ

排水用のピット

基礎梁

耐圧版

排水用のピット

耐圧版は建物の重さを支えるという構造的な役割を持つ

湧水層や排水槽などピットがある2重スラブ構造では、地中梁（基礎梁）の下部に耐圧版を設ける

屋根スラブは意外と物が載る

屋根スラブは、一般階の床スラブと基本的には同じだが、高架水槽・クーリングタワー・太陽光発電装置などの設備機器や積雪の荷重などを見込んでおく必要がある

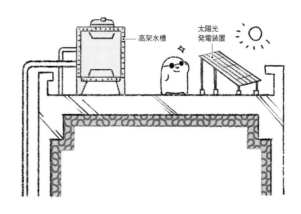

高架水槽

太陽光発電装置

配筋はダブルのモチ網が主流

かつては鉄筋の節約のために応力がかからない場所にはベンド配筋（途中で45°の勾配で折れ曲げた配筋）を設けていた。しかし、近年はダブルのモチ網配筋が標準となっている

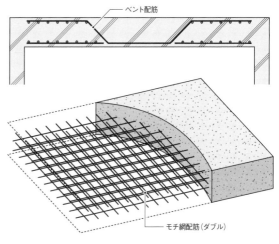

ベント配筋

モチ網配筋（ダブル）

外壁を守る「ひび割れ誘発目地」

RC造の外壁に発生するひび割れは、主に耐久性・防水性・美観の観点から抑制しなければなりません。ひび割れ対策は「ひび割れを発生させないように設計・施工する」「ひび割れが発生しても弊害が起こらないように設計・施工する」「速やかに補修する」の3点が重要です。

ひび割れ誘発目地の配置

一定間隔で「ひび割れ誘発目地」を設けることによって、乾燥収縮の応力を目地に集中させて、ほかの部分にひび割れを発生させないようにする

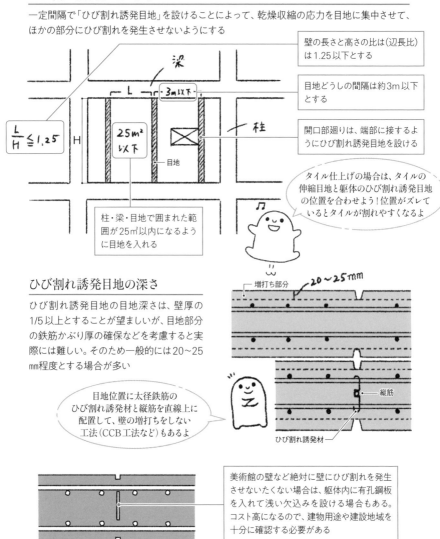

壁の長さと高さの比は(辺長比)は1.25以下とする

目地どうしの間隔は約3m以下とする

開口部廻りは、端部に接するようにひび割れ誘発目地を設ける

タイル仕上げの場合は、タイルの伸縮目地と躯体のひび割れ誘発目地の位置を合わせよう!位置がズレているとタイルが割れやすくなるよ

柱・梁・目地で囲まれた範囲が25㎡以内になるように目地を入れる

ひび割れ誘発目地の深さ

ひび割れ誘発目地の目地深さは、壁厚の1/5以上とすることが望ましいが、目地部分の鉄筋かぶり厚の確保などを考慮すると実際には難しい。そのため一般的には20〜25mm程度とする場合が多い

目地位置に太径鉄筋のひび割れ誘発材と縦筋を直線上に配置して、壁の増打ちをしない工法(CCB工法など)もあるよ

美術館の壁など絶対に壁にひび割れを発生させたくない場合は、躯体内に有孔鋼板を入れて浅い欠込みを設ける場合もある。コスト高になるので、建物用途や建設地域を十分に確認する必要がある

建物の動きの差を吸収する「エキスパンションジョイント」

平面形状が横長だったり、複雑だったりする建物が地震の揺れを受けると、躯体が場所ごとに異なる動きをします。するとその部分の境目から建物が損傷してしまうので、エキスパンションジョイントで構造体を分割する必要があります。そうすることで破壊的な力の伝達を吸収し、建物全体の機能を維持できるのです。なお、免震建物でも地震時の挙動を吸収するために、エキスパンションジョイントを設けます[77頁参照]。

エキスパンションジョイントってこんなの

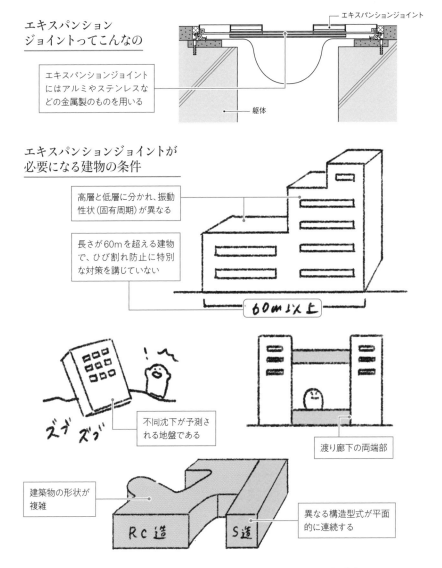

エキスパンションジョイント

エキスパンションジョイントにはアルミやステンレスなどの金属製のものを用いる

躯体

エキスパンションジョイントが必要になる建物の条件

高層と低層に分かれ、振動性状(固有周期)が異なる

長さが60mを超える建物で、ひび割れ防止に特別な対策を講じていない

60m以上

不同沈下が予測される地盤である

渡り廊下の両端部

建築物の形状が複雑

RC造   S造

異なる構造型式が平面的に連続する

地震による損傷の明暗を分ける「構造スリット」

腰壁や垂壁が取り付くことで短くなった柱は、大地震の揺れによってせん断破壊が生じやすくなります。柱のせん断破壊を防ぐためには、壁と柱の間に「構造スリット」を設けなければなりません。コンクリートの乾燥収縮・セメントの水和熱・外気温の変化などによって生じるひび割れを制御する「ひび割れ誘発目地」[66頁参照]とともに、RC躯体の耐久性を左右する重要な要素です。

柱のせん断破壊のメカニズム

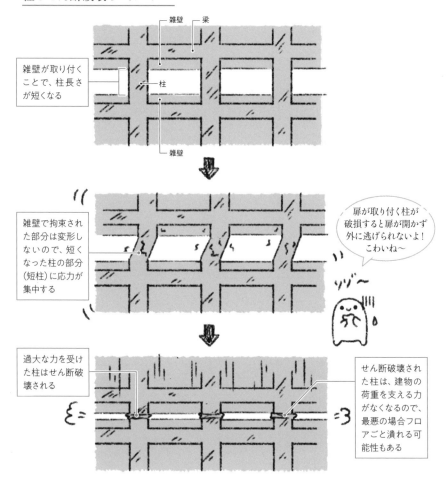

雑壁 梁

雑壁が取り付くことで、柱長さが短くなる

柱

雑壁

雑壁で拘束された部分は変形しないので、短くなった柱の部分（短柱）に応力が集中する

扉が取り付く柱が破損すると扉が開かず外に逃げられないよ！こわいね〜

過大な力を受けた柱はせん断破壊される

せん断破壊された柱は、建物の荷重を支える力がなくなるので、最悪の場合フロアごと潰れる可能性もある

構造スリットの位置と幅

構造スリットは、柱際・梁際・開口部端部に設ける。構造図で構造スリットの設置を確認するだけでなく、意匠図や設備図との整合性を確認することも大切

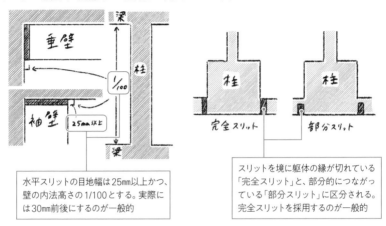

水平スリットの目地幅は25mm以上かつ、壁の内法高さの1/100とする。実際には30mm前後にするのが一般的

スリットを境に躯体の縁が切れている「完全スリット」と、部分的につながっている「部分スリット」に区分される。完全スリットを採用するのが一般的

構造用スリットの選定のポイント

必要な性能(耐火性能・層間変形追従性能・水密性能など)を有していること

コンクリート打込み時に変形や埋没などの不具合が生じにくい

両目地・片目地など納まりを確認する

型枠やスラブへの取付けなど施工が容易であること

構造スリットの性能には、防水性能や遮音性能も求められるよ。必要な性能に応じて適切な構造スリットを選定しよう

さまざまな構造スリットのタイプ

耐火性能に優れた構造スリットは、せき板に打ち付ける目地棒・セパレータに取り付ける補強金具・ロックウールやフェノールフォームなどの耐火材で構成される

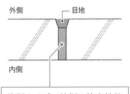

片側タイプは外側に防水性能が求められ、内壁側はそのまま仕上げとなる場合に採用される

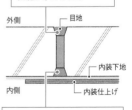

両側タイプは外側に防水性能が求められる

内側の目地は仕上げに隠れる

構造スリットの施工上の注意点

コンクリートの打込み高さを合わせる

構造スリットを入れると柱と腰壁を一体的に打ち込めないので、構造スリットの両側から高さを合わせて慎重に打ち込む

両側の打込み高さを合わせないと、コンクリート圧の差で構造スリットがずれてしまう。打込み作業員が構造スリット位置を把握したうえで作業できるように、スリットの位置を示す

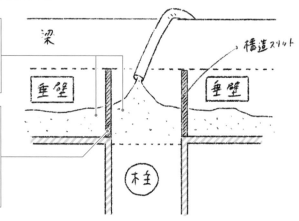

構造スリットのずれはNG

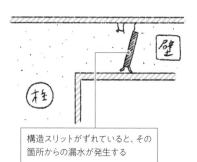

構造スリットがずれていると、その箇所からの漏水が発生する

構造スリットと外装材の目地の位置はそろえる

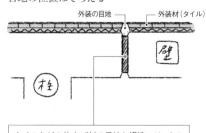

タイルなどの仕上げ材の目地と構造スリットの配置は一致させる。ずれていると、地震時の挙動差で、タイルの剥落などの不具合が生じる

補強金具を活用するという方法もある

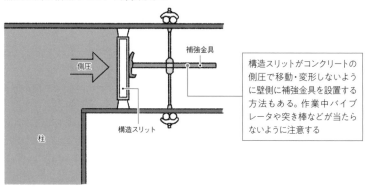

構造スリットがコンクリートの側圧で移動・変形しないように壁側に補強金具を設置する方法もある。作業中バイブレータや突き棒などが当たらないように注意する

超高層のRC造に採用されるさまざまな工法

近年、都心のマンションブームを背景にRC造の「超高層タワーマンション」が急増しています。これまで超高層建築物を建てる場合は、SRC造［54頁参照］を採用するのが一般的でした。しかし、コンクリートや鉄筋の高強度化や、免震・制震構造［74頁参照］によって耐震性能が向上したおかげで、RC造でも効率よく超高層建築物を実現できるようになりました。

高強度RC柱工法

高強度コンクリート（200MPa以上）と高降伏強度（降伏強度SD685）の鉄筋を用いて、構造躯体の強度と粘り強さを高める工法。躯体断面面積を抑えつつ、より高く、より広い空間を実現可能

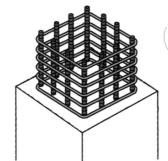

ゼネコン各社で超高層RC造の建設技術が開発・実用化されているよ

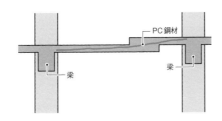

PC鋼材

梁　　　梁

大スパン床工法

プレストレスを導入した段差付きPCaスラブ工法で、梁形の出ない空間を実現できる。すっきりした空間の広がりを感じられ、間取りの自由度も高い

制震柱

RC造の柱と低降伏点の鋼製パネルを組み合わせた「制震柱」を設置することで、地震の揺れを低減させる構法

プレキャスト複合化工法

柱・梁・床などの主な構造部材をプレキャスト部材とし、取付け後に接合部を現場打ちコンクリートで一体化する工法。躯体工程のサイクルを3〜4日/階まで短縮できる

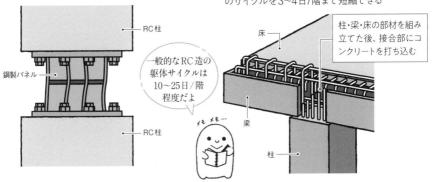

RC柱

鋼製パネル

RC柱

一般的なRC造の躯体サイクルは10〜25日/階程度だよ

床

柱・梁・床の部材を組み立てた後、接合部にコンクリートを打ち込む

梁

柱

プレストレス工法で引張力を強化する

プレストレス工法とは、PC鋼線やPC鋼棒などの緊張材によって、あらかじめ部材に圧力を加える工法のことです。緊張材で圧縮力を加えることによって、引張力に弱いというコンクリートの弱点を補強できます。また万一過大なひび割れが生じても荷重がなくなれば、ひび割れが閉じます。普通のRC造よりも部材断面を小さくしたり、大スパンをとばしたりできるので、橋のように大きな荷重が働くRC造構造物にも採用されます。

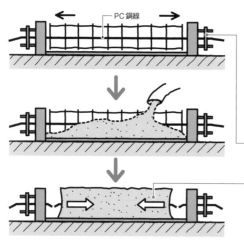

プレテンション方式

緊張した状態のPC鋼線を鉄筋とともに型枠内に組み込んだうえでコンクリートを打ち込む工法。一般的に工場で生産される

反力台（アバット）を用いて緊張材を事前に引っ張る

コンクリートが所定の強度を発現した後に、緊張力を開放することで圧縮力が加わる

ポストテンション方式

PC鋼線などの緊張材を型枠に入れて打ち込み、コンクリートが固まる前に緊張させる工法。特別な反力台が不要なので、生産が容易

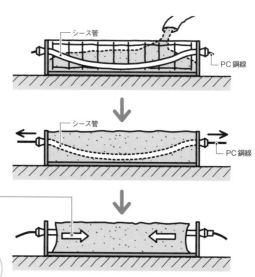

コンクリートが固まってからPC鋼線の緊張を解くことで、PC鋼線とコンクリートの定着による圧縮力が加わる

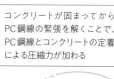

コンクリートの打込み後にPC鋼材を緊張させるか、打込み前に緊張させるかの違いだね

ポストテンション方式 (現場施工)

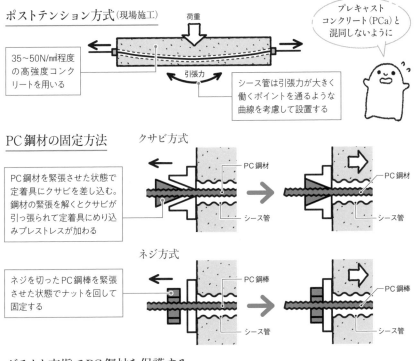

35~50N/m㎡程度の高強度コンクリートを用いる

荷重

引張力

シース管は引張力が大きく働くポイントを通るような曲線を考慮して設置する

プレキャストコンクリート (PCa) と混同しないように

PC鋼材の固定方法

クサビ方式

PC鋼材を緊張させた状態で定着具にクサビを差し込む。鋼材の緊張を解くとクサビが引っ張られて定着具にめり込みプレストレスが加わる

PC鋼材

シース管

ネジ方式

ネジを切ったPC鋼棒を緊張させた状態でナットを回して固定する

PC鋼棒

シース管

グラウト充填でPC鋼材を保護する

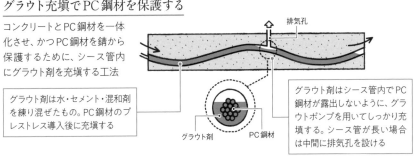

コンクリートとPC鋼材を一体化させ、かつPC鋼材を錆から保護するために、シース管内にグラウト剤を充填する工法

排気孔

グラウト剤は水・セメント・混和剤を練り混ぜたもの。PC鋼材のプレストレス導入後に充填する

グラウト剤はシース管内でPC鋼材が露出しないように、グラウトポンプを用いてしっかり充填する。シース管が長い場合は中間に排気孔を設ける

グラウト剤　PC鋼材

PCaPC (プレキャスト・プレストレストコンクリート) 構造

あらかじめPC工場で製作したプレキャスト (PCa) 部材に、現場でプレストレスを導入しながら組み立てることで、PCa部材どうしを圧着させる工法。耐久性に優れ、地震によるひび割れが発生しない大スパンの構造を構築できる

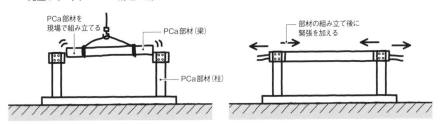

PCa部材を現場で組み立てる

PCa部材 (梁)

PCa部材 (柱)

部材の組み立て後に緊張を加える

耐震・制震・免震の違いを知ろう

地震大国である日本の建築物には、中小規模の地震による建築物の損壊を防ぎ、大地震時は人命を守れる構造が必要です。地震力から建築物を守る技術には、耐震・制震・免震の3種類があり、建物の用途や敷地条件などに応じた方式が採用されています。

固有周期と共振現象

建築物には、その重さや剛性などに応じた揺れやすい周期があり、これを建物の「固有周期」という。地震の揺れと固有周期が一致すると「共振現象」によって揺れが増幅され、地震で建物が損壊する危険が増す

大規模な地震では、大きくゆっくりとした揺れ（長周期地震動）が生じる。高層建築物や免震構造の建物は、建物の固有周期が長いので、長周期地震動と共振して大きく揺れる

長周期地震動による揺れは高層階ほど大きくなり、家具や什器の転倒による事故やエレベータの停止・故障につながる

60m超え

高さ60mを超える高層建築物や地上4階建以上の免震建築物は、長周期地震動への対策が義務付けられている

低い建築物は短周期地震動と共鳴して被害を受けやすい

短周期地震動は地盤が固いほど伝わりやすいでごわす

耐震構造

柱・梁・耐震壁などの構造部材の強度や粘り強さによって、建築物に働く地震力に対抗する構造形式。最も一般的に採用されている

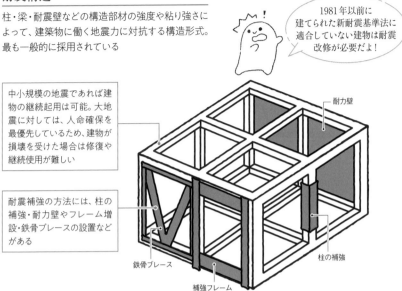

1981年以前に建てられた新耐震基準法に適合していない建物は耐震改修が必要だよ！

中小規模の地震であれば建物の継続起用は可能。大地震に対しては、人命確保を最優先しているため、建物が損壊を受けた場合は修復や継続使用が難しい

耐震補強の方法には、柱の補強・耐力壁やフレーム増設・鉄骨ブレースの設置などがある

耐力壁

鉄骨ブレース

補強フレーム

柱の補強

制震構造

柱・梁などの間にダンパーなどのエネルギー吸収機構を組み込んで、地震による建築物の揺れを軽減する構造方式。高層のS造や超高層のRC造で多く採用されている

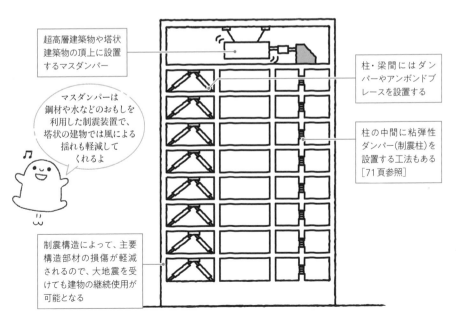

超高層建築物や塔状建築物の頂上に設置するマスダンパー

マスダンパーは鋼材や水などのおもしを利用した制震装置で、塔状の建物では風による揺れも軽減してくれるよ

柱・梁間にはダンパーやアンボンドブレースを設置する

柱の中間に粘弾性ダンパー（制震柱）を設置する工法もある[71頁参照]

制震構造によって、主要構造部材の損傷が軽減されるので、大地震を受けても建物の継続使用が可能となる

免震装置の仕組み

免震構造は建物と地盤の間に積層ゴムやダンパーなどの免震装置（アイソレータ）を設置して、地震力を吸収する構造形式である。地盤と建物が絶縁されるので、耐震構造や制震構造よりも建築物の揺れを大幅に抑えることができる。特に長周期地震動の影響で大きく揺れやすい高層建築においては、落下物などによる二次災害を防止するうえで効果的である

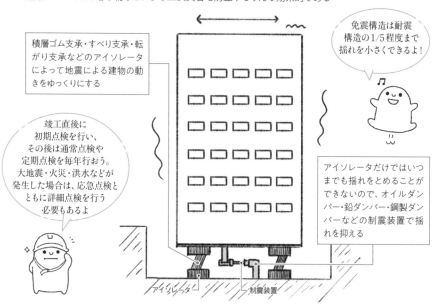

積層ゴム支承・すべり支承・転がり支承などのアイソレータによって地震による建物の動きをゆっくりにする

免震構造は耐震構造の1/5程度まで揺れを小さくできるよ！

竣工直後に初期点検を行い、その後は通常点検や定期点検を毎年行おう。大地震・火災・洪水などが発生した場合は、応急点検とともに詳細点検を行う必要もあるよ

アイソレータだけではいつまでも揺れをとめることができないので、オイルダンパー・鉛ダンパー・鋼製ダンパーなどの制震装置で揺れを抑える

アイソレータ　制震装置

免震構造の種類

基礎免震

1階床下（基礎上）に免震層を設けて、建築物と地盤を絶縁する方式。建築物全体を免震化できる

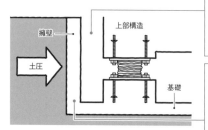

擁壁　上部構造　土圧　基礎

地下部は免震層上部と地盤などが衝突しないように免震クリアランスを設ける

地盤からの土圧に耐える擁壁やドライエリアを設けなければならないので、敷地や建築物周囲に広い空間が必要

中間階免震

基礎より上部に免震装置を設ける工法。基礎免震に必要な地下工事がないので、コスト面では比較的有利

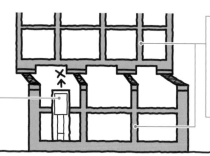

免震層を横断して上下階をつなぐエレベーターなどは設置が難しい

建物と敷地境界のクリアランスが不十分な場合や、上下階で柱スパンや構造種別が異なる複雑な建築物に適している

免震装置の揺れを吸収すべきポイント

配管やエレベーターなどの設備が損傷しないように、免震装置の設置箇所には上層と下層の動きの違いを吸収する機構が必要になる

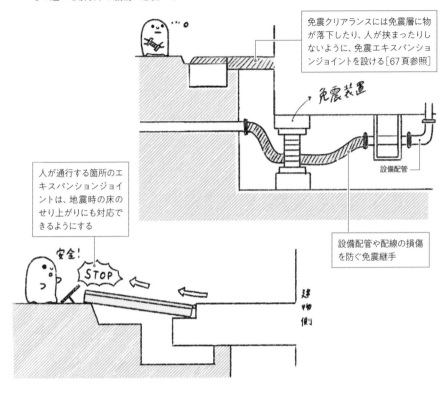

免震クリアランスには免震層に物が落下したり、人が挟まったりしないように、免震エキスパンションジョイントを設ける[67頁参照]

設備配管

人が通行する箇所のエキスパンションジョイントは、地震時の床のせり上がりにも対応できるようにする

安全！

STOP

建物側

設備配管や配線の損傷を防ぐ免震継手

免震レトロフィット工法

貴重な収蔵物が保管されている美術館・博物館や歴史的・文化的価値の高い建物の保存などは、免震装置を活用すれば上部構造物に手を加えることなく地震への安全性を確保できる

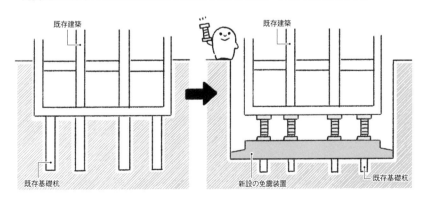

既存建築

既存建築

既存基礎杭

新設の免震装置

既存基礎杭

第 3 章

コンクリートの品質管理

ども〜！
RCです

品質管理とは、コンクリートの品質変動を所定の範囲内に経済的に収めることです。近年は工場から出荷されるレディミクストコンクリートを採用することが通例となっているため、「電話一本で質のよいコンクリートが手に入る」と勘違いしている技術者も多いようです。しかし、コンクリートは強度発現までに時間がかかる半製品なので、さまざまなプロセスにおいて適宜検査を行い、異常がある場合は必要な処置を講じることで、品質を担保しなければなりません。質のよいRC構造物となるコンクリートの条件を理解して、実務に活かし、100年を超える長耐久性のあるRC構造物を構築しましょう。

良いコンクリートの条件とは

コンクリートは十分な強度と耐久性はもちろん、優れた施工性も兼ね備えていなければなりません。「打ち込む部位に応じた適度な流動性がある」「運搬中や打込み中に材料分離が生じにくい」といった性質をバランスよく備えていることが、RC造の強度や耐久性を担保するうえで重要になるからです。

フレッシュコンクリートの5つの評価基準

フレッシュコンクリートとは、練混ぜ直後から型枠内で凝結するまでの固まっていないコンクリートのこと。運搬・打込み・締固め・表面仕上げといった各工程を容易に行えるよう、均質性に優れ、品質変動が少ないことが求められる

> フレッシュコンクリートの性質は、ワーカビリティ・コンシステンシー・ポンパビリティ・フィニッシャビリティ・プラスティシティの5つで評価するよ

ワーカビリティ
「作業性」とも言い換えられる。コンシステンシーと材料分離抵抗性を合わせた性質で、フレッシュコンクリートの性質のうち最も包括的な概念[82頁参照]

変幻自在！

コンシステンシー
「堅さ」「粘度」を意味し、フレッシュコンクリートの変形や流動性に対する抵抗性を表す[84頁参照]

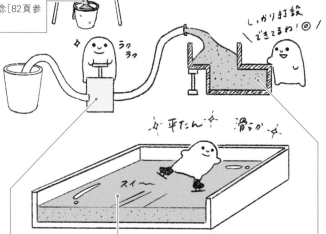

しっかり打設できてるね！◎

ラクラク

☆平たん☆　滑らか

スイ〜

ポンパビリティ
管内閉塞のリスクを確認するための性質。圧送管の内でのコンクリートの流動性・変形性・分離抵抗性を示す

フィニッシャビリティ
コンクリートの打上げ面を希望通りの平坦さと滑らかさに仕上げるうえでの作業難易度を示す性質。セメント量や細骨材の粒度をもとに検討する

プラスティシティ
容易に型枠内に詰めることができ、型枠を取り外すとゆっくりと形を変えるが、崩れたり材料分離したりすることのない性質

硬化コンクリートで性能測定

硬化コンクリートとは凝結や硬化過程を過ぎたコンクリートである。RC造の構造設計や解析で重要視される、強度・変形特性・耐久性・体積変化（寸法安定性）・水密性・熱的性状・耐火性・単位容積質量などの性能は、硬化コンクリートの状態で測定する

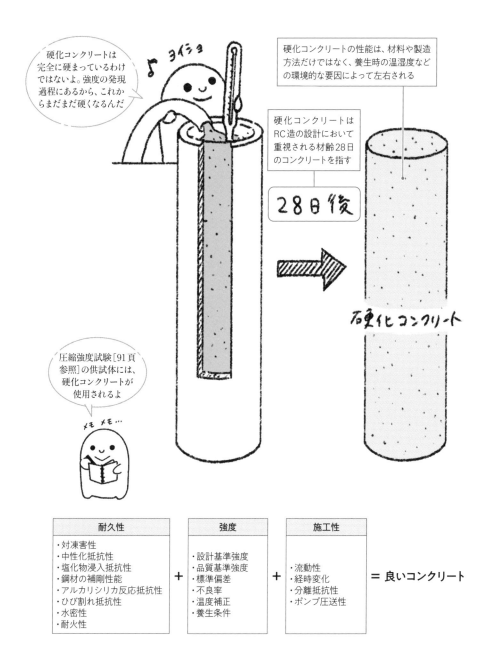

耐久性		強度		施工性		
・対凍害性 ・中性化抵抗性 ・塩化物浸入抵抗性 ・鋼材の補剛性能 ・アルカリシリカ反応抵抗性 ・ひび割れ抵抗性 ・水密性 ・耐火性	+	・設計基準強度 ・品質基準強度 ・標準偏差 ・不良率 ・温度補正 ・養生条件	+	・流動性 ・経時変化 ・分離抵抗性 ・ポンプ圧送性	=	良いコンクリート

ワーカビリティ＝流動性だけではない

ワーカビリティとは、運搬・打込み・締固め・表面仕上げといった作業の施工性を表す言葉です。「施工性の高いコンクリート」というと、流動性に優れているものがよいと思いがちですが、ワーカビリティは、コンシステンシーや材料分離抵抗性といった流動性と相反する要素もバランスよく備えていることが求められます。ワーカビリティを直接示す数値などはないので、スランプなどの数値を参考に評価します。

単位水量がワーカビリティに与える影響

水だけで流動性を高めると材料分離しやすくなる

水だけで流動性を向上させたければ単位水量を多くすればよい。しかし、単位水量が上がると材料分離が発生しやすくなる

粗骨材の最大寸法や粗粒率を大きくすれば流動性は高まるが、過度になると材料分離を起こしやすくなる

混和剤で材料分離を抑える

単位水量を抑えつつワーカビリティを高めるには、AE減水剤・高性能AE減水剤・フライアッシュなどの混和材料や粒形や粒度のよい骨材を用いる必要がある

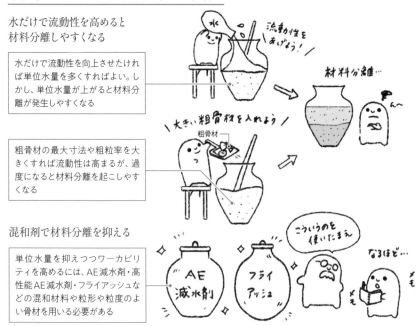

混ぜすぎても、混ぜなさすぎてもよくない

練り混ぜ過ぎると、骨材が砕かれて微粉量が増加したり、空気量が減少したりするので、所定の流動性を得られない

練混ぜが不十分だと、セメントなどの材料が均一に混ざらず所定の流動性を得られない

単位セメント量がワーカビリティに与える影響

セメントを入れすぎると流動性が低下する

単位セメント量を多くして、適度なプラスティシティを付与すれば、コンクリートの流動性と材料分離抵抗性の両方を改善できる。ただし単位セメント量が大きすぎると流動性が低下する

必要な圧縮強度や耐久性強度を確保するための単位セメント量の最小値はコンクリートの種類ごとに決められている

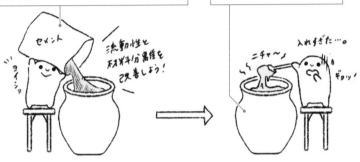

ほどよい粉末度のセメントを使うべし

粉末度の粗いセメントを使用すると流動性は大きくなるが、材料分離を生じやすくなる

粉末度の細かいセメントを使用すると材料分離しにくくなるが、流動性は低下する

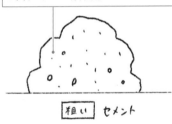

風化したセメントは使わないこと

セメントが空気中の炭酸ガスや水分などを吸収して水和反応が起こりにくくなった状態を風化という

風化したセメントは異常凝結を起こして、ワーカビリティを著しく損なうので使用しない

ほどよいコンシステンシーはスランプで見極める

コンシステンシーとは、「堅さ」「粘稠度」などを意味し、フレッシュコンクリートの変形や流動性への抵抗性を表す言葉です。コンシステンシーの測定方法には、「一定の力を与えたときの変形量を測定する方法(スランプ試験やスランプフロー試験など)」や「一定の変形を生じさせるのに必要な仕事量を測定する方法(リモルディング試験やドロップテーブル試験など)」のほか、レオロジー試験・締固め係数試験など、さまざまなものがあります。

スランプ試験

スランプ試験は最も一般的な測定方法である。コンシステンシーの評価はスランプが5~18cmの範囲内である場合に行われる

ここでは
スランプ試験と
スランプフロー試験を
紹介するね

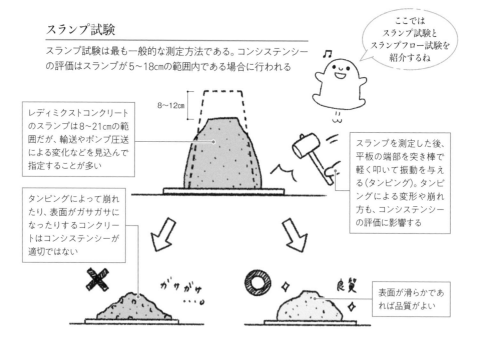

8~12cm

レディミクストコンクリートのスランプは8~21cmの範囲だが、輸送やポンプ圧送による変化などを見込んで指定することが多い

スランプを測定した後、平板の端部を突き棒で軽く叩いて振動を与える(タンピング)。タンピングによる変形や崩れ方も、コンシステンシーの評価に影響する

タンピングによって崩れたり、表面がガサガサになったりするコンクリートはコンシステンシーが適切ではない

ガサガサ・・・♪

良質

表面が滑らかであれば品質がよい

スランプフロー試験

流動性の高いコンクリートのコンシステンシーを評価する場合に用いる。一般的にコンクリートの強度が高いほど、スランプフローの値は大きくなる

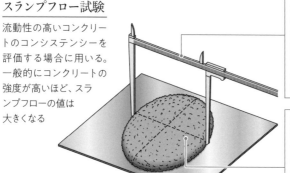

コンクリートの広がりは45~60cmで指定するのが一般的。直径が最も大きい線と、そこと直交する線の直径を1mm単位で測定し、その平均値を出す。この平均値を5mm単位で丸めた値が計測値となる

装置や試験方法はスランプ試験と同じ。スランプコーンを引き上げてから停止が確認されるまでの時間はストップウォッチを使って0.1秒単位で記録する

スランプを大きくする要因

単位水量が1.2%増すとスランプが約1cm大きくなる

ボールベアリング効果のあるフライアッシュを用いるとスランプが大きくなる

change!

普通セメント フライアッシュ

実積率が大きい骨材を用いるとスランプと流動性が増加する

空気量

空気量

空気量が1%増加するとスランプが約2.5cm大きくなる

減水剤

大きくなった！

スランプ

丸みを帯びた骨材ほど実積率が大きいよ

AE減水剤・減水剤・高性能AE減水剤などの混和剤はセメント分散作用を持つのでスランプを大きくする

空気連行性があるAE剤などの混和剤はエントレインドエアを増加させるので、スランプが大きくなる

スランプを小さくする要因

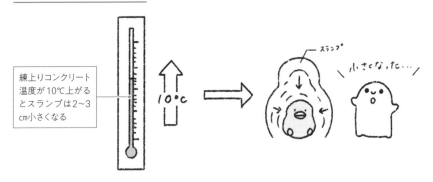

練上りコンクリート温度が10℃上がるとスランプは2～3cm小さくなる

10℃

スランプ

小さくなった…

材料分離とブリーディングの原因を探る

コンクリートの運搬や打込み中、また打込み後に粗骨材が局所的に集中したり、水分だけがコンクリートの上面に上昇（ブリーディング）したりして、コンクリートの構成材料が不均一になることを材料分離[15頁参照]といいます。コンクリートは、大きさと密度の異なる材料の混合物なので、材料分離が起こりやすいのです。

材料分離によって発生する施工不良

材料分離によって発生する不具合は、いずれもコンクリート躯体の水密性・耐久性・意匠性などを阻害する原因となる

| ジャンカ（豆板）
粗骨材だけが分離すると発生する | 沈みひび割れ
ブリーディングに伴う沈下が鉄筋などで拘束されると発生する | コールドジョイント
先に打ち込んだコンクリートと後から打ち込んだコンクリートとの境目が完全に一体化していない継目 |

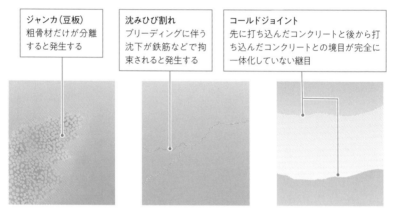

材料分離が発生しやすい条件

粗骨材が大きく、量が多い

細骨材率（s/a）が小さい

単位水量・スランプ・水セメント比が極端に大きい

材料分離しやすいコンクリート

使いたくない…

単位水量が極端に小さいコンクリートでも、モルタルの粘性が低下すると、材料分離が起こりやすいよ

高所からの打込みや斜めシュートでの打込み

NG

過度な締固めやバイブレータによる横流し

レイタンス

コンクリートの打込み後に、骨材やセメント粒子が沈降し、水が上昇する現象をブリーディングと呼ぶ。表面の仕上げ作業にはある程度のブリーディングが必要だが、それでもコンクリート上面の品質は若干低下する

ブリーディングによって浮上した微粒物がコンクリートの表面に薄層をつくり沈積したものを「レイタンス」という

レイタンスの層

レイタンスは強度も付着力も弱く、これを取り除かずにコンクリートを打ち継ぐと止水性が低下する

レイタンスの層がないコンクリート

ブリーディングが発生しやすい条件

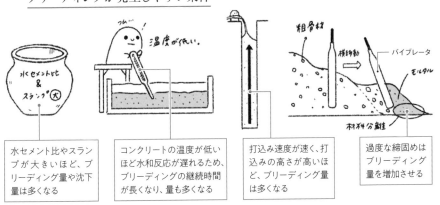

水セメント比やスランプが大きいほど、ブリーディング量や沈下量は多くなる

コンクリートの温度が低いほど水和反応が遅れるため、ブリーディングの継続時間が長くなり、量も多くなる

打込み速度が速く、打込みの高さが高いほど、ブリーディング量は多くなる

過度な締固めはブリーディング量を増加させる

ブリーディングの低減方法

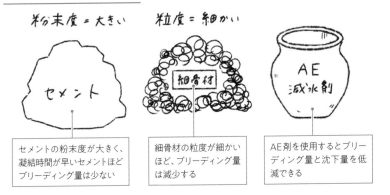

セメントの粉末度が大きく、凝結時間が早いセメントほどブリーディング量は少ない

細骨材の粒度が細かいほど、ブリーディング量は減少する

AE剤を使用するとブリーディング量と沈下量を低減できる

空気量とコンクリートの品質の関係

「ワーカビリティの改善」「耐凍害性をはじめとする耐久性の向上」「ブリーディングの減少」といったコンクリートの品質向上を図るためには、練混ぜの段階で空気を混入することが重要です。

コンクリートに含まれる2種類の空気泡

コンクリート中の空気泡は、エントラップドエアとエントレインドエア（連行空気）に大別される。気泡どうしの距離を示す気泡間隔係数は、エントラップドエアが10～300μmであるのに対し、エントレインドエアは400～700μmである

エントラップドエア

練混ぜ時に自然と閉じ込められる空気泡。比較的大きく不定形で、コンクリートの0.2～2.0％程度を占める。コンクリートの品質の改善には役立たない

エントラップドエアはバイブレータによる締固めで減少する

コンクリート中の空気量は、ワシントンエアメータで測定するよ（JIS A 1128）

ワシントンエアメータ。

コンクリート

エントレインドエア

AE剤

AE剤やAE減水剤などの界面活性作用によってコンクリート内に生じる微細な気泡。コンクリートのワーカビリティを改善するとともに、耐凍害性も向上させる

エントレインドエアは、バイブレータの振動でもそれほど減少しない

空気量が同じでも気泡が小さく、気泡どうしの間隔が狭いほどコンクリートの品質はよくなるよ

エントレインドエアによる性能の改善

エントレインドエアの空気量を1%増加させると、細骨材率は0.5〜1.0%低く、単位水量は約3%少なくなる。つまり同じワーカビリティで耐久性のよいコンクリートになる

適切な細骨材で空気連行性が上がる

細骨材率が小さいほど、空気量が増大する

細骨材に0.3〜0.6mmの粒が多く含まれているほど空気連行性がよくなる

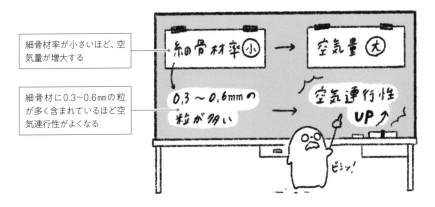

空気量に影響する要因

粗骨材の最大寸法が小さくなると、骨材の表面積が増大して流動性が低下する。そのため流動性を得るためにモルタル量が増加し、結果として空気量も多くする必要がある

セメントや混和材などの粉体の使用量が多く、セメントが細かい(比表面積が大きくなる)ほど空気量は減少する

練混ぜ開始3〜5分程度で空気量は最大となる。その後は徐々に減少するので、コンクリートの練混ぜ時間が長過ぎると品質が低下する

コンクリートの温度が高いほど空気量は少なくなる。コンクリートの温度が10℃上昇するごとに空気量は1〜2%少なくなる

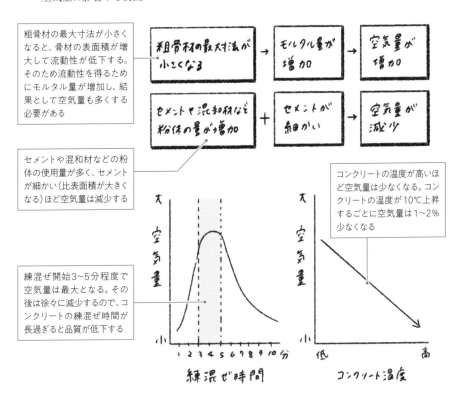

コンクリートの強度の代表は「圧縮強度」

コンクリートには、圧縮強度・引張強度・せん断強度・曲げ強度・付着強度・支圧強度・疲労強度といったさまざまな応力に抵抗する強度特性があります。しかし、一般的にコンクリートの強度といえば圧縮強度のことを指し、設計においても圧縮強度が最も重要視されます。

コンクリートの強度≒圧縮強度

ほかの強度性状に比べて圧縮強度が一番大きく、試験も簡易

ほかの強度性状の概略値は圧縮強度から推定できる

圧縮強度	曲げ強度	引張り強度
1番強い！1	1/5 ～ 1/8	1/10 ～ 1/13

RC造の構造設計では、圧縮強度のみを利用する（引張力は鉄筋で補強する）

圧縮強度

コンクリートの強度が増進する速度は材齢7～14日くらいまでが大きくて、材齢28～90日くらいでほぼ安定するよ

圧縮強度を左右する要因

コンクリートの圧縮強度は、材料の品質・調合・施工方法・養生などの影響で変わる

強度を高める要因

砕石は川砂利よりも10～20％強度が増大する

表面の粗い骨材はセメントペーストとの付着がよいので強度を大きくする

練混ぜ時間が長いほどセメントと水の接触がよくなり強度が高まる

混ぜれば強くなる～！

ザラザラ

なめらか～

硬練りのもの、骨材寸法の小さいもの、粉体量が多いものほどコンクリートの練混ぜ時間は長くなる！

強度を下げる要因

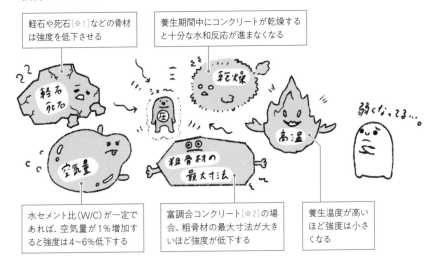

軽石や死石[※1]などの骨材は強度を低下させる

養生期間中にコンクリートが乾燥すると十分な水和反応が進まなくなる

水セメント比（W/C）が一定であれば、空気量が1％増加すると強度は4〜6％低下する

富調合コンクリート[※2]の場合、粗骨材の最大寸法が大きいほど強度が低下する

養生温度が高いほど強度は小さくなる

圧縮強度試験

通常コンクリートの圧縮強度試験では、直径10cm×高さ20cmの円柱供試体[※3]をアムスラー試験機にかけて、破壊荷重（最大荷重）を測定する。試験の方法によっても測定される結果が異なるので要注意

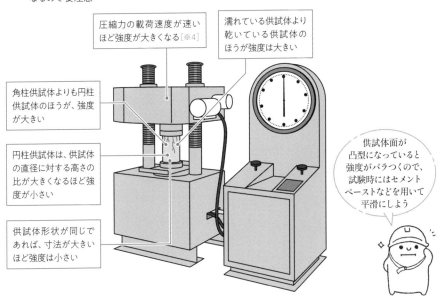

圧縮力の載荷速度が速いほど強度が大きくなる[※4]

濡れている供試体より乾いている供試体のほうが強度は大きい

角柱供試体よりも円柱供試体のほうが、強度が大きい

円柱供試体は、供試体の直径に対する高さの比が大きくなるほど強度が小さい

供試体形状が同じであれば、寸法が大きいほど強度は小さい

供試体面が凸型になっていると強度がバラつくので、試験時にはセメントペーストなどを用いて平滑にしよう

※1　粗骨材の中に混ざっている風化した石のこと。吸水率が大きく比重が小さい
※2　1㎥当たりのセメント量が多いコンクリート。強度は出るが、収縮が大きくひび割れが発生しやすい
※3　高さ/直径比2 かつ粗骨材最大寸法の3倍以上
※4　JISでは載荷速度を0.6±0.4N/㎟と規定している

圧縮強度以外のコンクリートの強度性状

ここでは圧縮強度以外の引張強度・曲げ強度・せん断強度・付着強度・支圧強度・疲労強度について簡単に説明します。これらの強度性状は、必要な特性に応じてRC構造物の構造設計や施工に活かされます。

引張強度

コンクリートの引張強度は、圧縮力の1/10〜1/13程度。圧縮強度が大きくなるほど圧縮強度と引張強度の比は小さくなる。割裂試験（JIS A 1113）で間接的に測定する

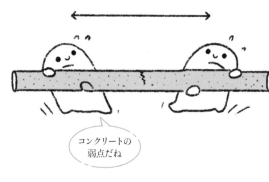

コンクリートの
弱点だね

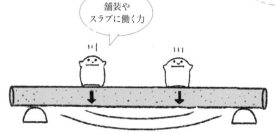

舗装や
スラブに働く力

曲げ強度

コンクリートの曲げ強度は、圧縮力の1/5〜1/8程度。コンクリート舗装・スラブ・舗装用平板の設計時に利用する。通常は3等分点載荷法（JIS A 1106）で測定する

せん断強度

コンクリートのせん断強度は、圧縮力の1/4〜1/6程度。引張強度の約2.5倍前後。コンクリートのせん断強度が問題となる場合は少ない。圧縮強度と引張強度からモール円で求める

チョップ!!

柱がせん断破壊されるのは絶対防ごうね
[68頁参照]

付着強度

コンクリートと鉄筋の付着強度は、セメントペーストとの純付着力・材料の摩擦力・鉄筋表面の凹凸による機械的抵抗力に左右される。鉄筋の配置方向によっても異なり、特に横筋はブリーディングの影響で付着強度が小さくなる。コンクリート内に埋め込まれた鉄筋に引張力を加えて引き抜く「引抜き試験」で求める

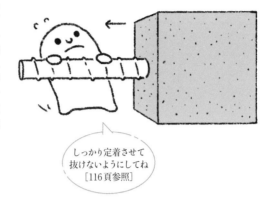

しっかり定着させて抜けないようにしてね［116頁参照］

支圧強度

柱頭で直接指示される床板・橋脚の支承部・プレストレスコンクリートの緊張材定着部などの一部分だけに圧縮力が作用するコンクリートには支圧強度が求められる。コンクリートの支圧強度は局部加圧試験で求める。支圧面積が大きいほど支持強度も大きくなる

疲労強度

コンクリートが応力や荷重を繰り返し受けて破壊するまでの強度を疲労強度という。コンクリートでは繰り返し回数が1,000万回の範囲内ではまだ疲労限界［※］が確認されていない

コンクリートは強いなぁ

※ 何度負荷を受けても疲労破壊に至らない応力の値

荷重を受けるとコンクリートはどう変形する？

部材に荷重が作用すると変形が起こります。変形には、「弾性変形」と「塑性変形」の2つがあります。弾性変形は荷重を受けたときに生じる変形で、力を取り除くと元に戻ります。「応力度-ひずみ曲線」で表され、弾性係数などの定数で変形を算出することができます。塑性変形は、力を取り除いても変形は戻りません。継続的に力を加え続けた場合に生じる「クリープ変形」は塑性変形の一種です。

鋼材の変形

鋼材に力を加えると降伏点（弾性域）までは応力とひずみが比例的に大きくなる。ここを超えると応力度は一旦落ちるが、最大応力点に至るまで再び大きくなる。そのまま力を加え続けると「応力度-ひずみ曲線」は緩やかな曲線を描き、最終的に破断する［24頁参照］

ちなみにコンクリートと鉄筋の熱膨張係数は、ほぼ同じだよ

応力（σ）

最大応力点

降伏点

破断

降伏点以降（塑性域）は力を取り除いても形が元には戻らない

ひずみ（ε）

コンクリートの変形

コンクリートに力を加えると「応力度-ひずみ曲線」は比例的に大きくなる。コンクリートは完全な弾性体ではないので、変形すると内部に微細なひび割れが発生する

メモ メモ…

弾性変形とクリープ変形の合計がRC躯体に生じる変形だよ

応力（σ）

弾性域

コンクリートは圧縮強度や単位容積質量が大きいほど変形しにくい

弾性域

「応力-ひずみ曲線」の傾きは、弾性係数（E＝σ／ε）の変化率を表しており、応力や変形を算出するときに必要となる

RC造は弾性域で使用することが基本！

ひずみ（ε）

ヤング係数

応力に応じたひずみの変化率を「弾性係数(ヤング率：E)」と呼ぶ。これは材料の「変形のしにくさ」を表す数値で、大きいほど変形しにくいと言える。鋼材のヤング係数は Es = 210,000N/㎟で、コンクリートは強度によって異なるが一般的に Ec = 21,000N/㎟。つまり両材料のヤング係数比は10倍である

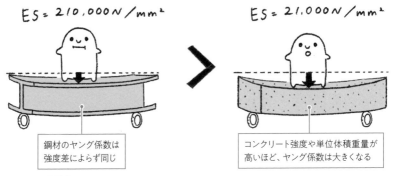

鋼材のヤング係数は
強度差によらず同じ

コンクリート強度や単位体積重量が
高いほど、ヤング係数は大きくなる

クリープ現象

「クリープ」とは、部材に一定の力をかけ続けることで、時間の経過とともにひずみが増大する現象である。鋼材はクリープ現象を起こさないが、コンクリートはクリープが進みやすく、コンクリート強度の75〜85%(クリープ限界)程度に達するとクリープ破壊につながる。長スパンの梁・スラブ、跳ねだしスラブの設計や施工に際しては特に注意しなければならない

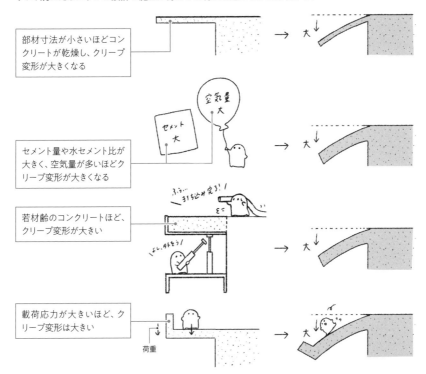

部材寸法が小さいほどコンクリートが乾燥し、クリープ変形が大きくなる

セメント量や水セメント比が大きく、空気量が多いほどクリープ変形が大きくなる

若材齢のコンクリートほど、クリープ変形が大きい

載荷応力が大きいほど、クリープ変形は大きい

体積変化はできるだけ抑制する

コンクリートは水とセメントの水和反応が進むことで、圧縮強度などの物理的な性質が変化します。コンクリート構造物は、積載荷重や地震力といった力が作用して変形しますが、このような力が作用しなくても、体積変化による変形が起こります。体積変化は、構造物に不具合を引き起こすこともあるので抑制することが肝要です。

温度変化による体積変化

水和反応によって生じる水和熱で、凝結中のコンクリートは温度が上昇する。反応が収まると徐々に冷やされていくが、このときの温度変化でコンクリートの体積が縮小して、ひび割れが発生する

体積変化には、「乾燥収縮」「自己収縮」「温度変化」の3種類があります

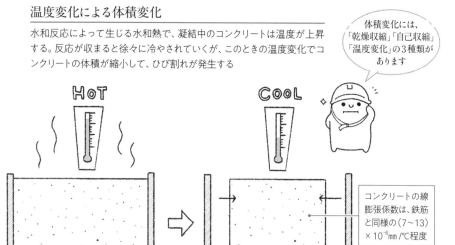

コンクリートの線膨張係数は、鉄筋と同様の(7～13)×10⁻⁶mm/℃程度

自己収縮による体積変化

水和反応による凝結が始まってから、目視可能なレベルでコンクリートに生じる体積変化を自己収縮という。単位セメント量が多いほど、自己収縮が大きくなるため、高強度コンクリート[40頁参照]・高流動化コンクリート・マスコンクリート[38頁参照]などで注意が必要となる

結合材の量・水結合比・化学混和剤の種類や添加率などを調整して収縮率を抑えよう

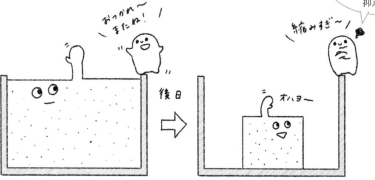

乾燥収縮による体積変化

モルタルやコンクリートは、水を吸って膨張し、乾燥して収縮する。構造体が拘束されていなければ問題はないが、建築構造物はほかの材料などによって拘束されているので、乾燥収縮するとひび割れが発生する

乾燥収縮を大きくする要因

単位セメント量と単位水量が多いほど、乾燥収縮は大きくなる

RC構造物の乾燥収縮ひずみは、(150～300)×10⁻⁶程度。RC構造物は鉄筋で拘束されているので、コンクリートやモルタルの(400～800)×10⁻⁶よりひずみが小さい

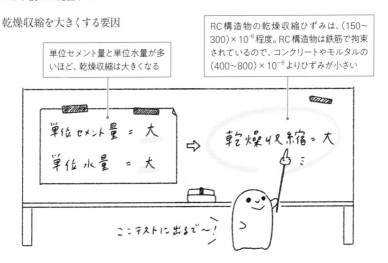

乾燥収縮を小さくする要因

骨材の弾性係数が大きく、硬質であれば、乾燥収縮は小さくなる

部材断面寸法が大きいほど、乾燥収縮は小さくなる

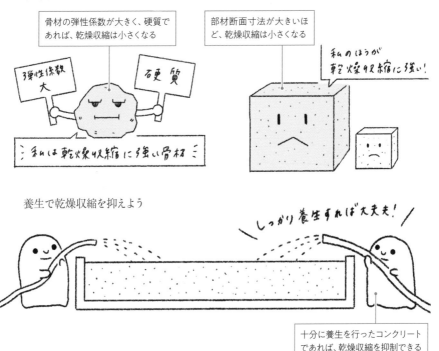

養生で乾燥収縮を抑えよう

十分に養生を行ったコンクリートであれば、乾燥収縮を抑制できる

そのほかのコンクリートの性能

水密性・耐火性・単位容積質量といったコンクリートの性状もRC造の性能を左右する重要な要素です。建物の規模や目的に応じて、必要な性能をそれぞれしっかり確保しましょう。

耐火性・耐熱性

加熱されたコンクリートは強度が著しく低下する。RC構造物の耐火性能を高めるためには、耐火性のある骨材を使用するとともに、鉄筋を炎の熱から保護するための十分なかぶり厚を確保することが重要である

高温になるほどコンクリートの強度は低下する

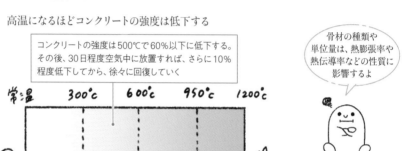

コンクリートの強度は500℃で60%以下に低下する。その後、30日程度空気中に放置すれば、さらに10%程度低下してから、徐々に回復していく

骨材の種類や単位量は、熱膨張率や熱伝導率などの性質に影響するよ

緻密なコンクリートは高温になると爆裂する

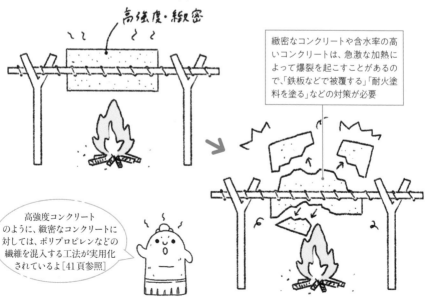

高強度・緻密

緻密なコンクリートや含水率の高いコンクリートは、急激な加熱によって爆裂を起こすことがあるので、「鉄板などで被覆する」「耐火塗料を塗る」などの対策が必要

高強度コンクリートのように、緻密なコンクリートに対しては、ポリプロピレンなどの繊維を混入する工法が実用化されているよ［41頁参照］

水密性

コンクリートには、内部への水の浸入や透過に抵抗する性質（水密性）がある。高い水密性が求められるのは、地下構造物・プール・貯水槽などの躯体である［29・30頁参照］

透水係数は小さいほどよい

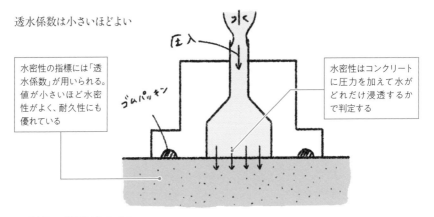

水密性の指標には「透水係数」が用いられる。値が小さいほど水密性がよく、耐久性にも優れている

水密性はコンクリートに圧力を加えて水がどれだけ浸透するかで判定する

ひび割れの抑制は欠かせない

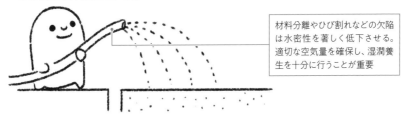

材料分離やひび割れなどの欠陥は水密性を著しく低下させる。適切な空気量を確保し、湿潤養生を十分に行うことが重要

コンクリート内部に空隙をつくらない

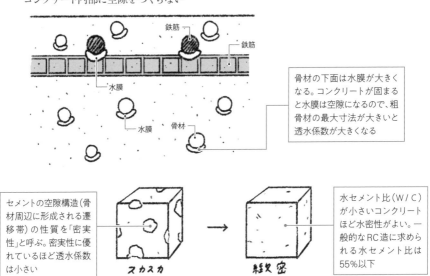

骨材の下面は水膜が大きくなる。コンクリートが固まると水膜は空隙になるので、粗骨材の最大寸法が大きいと透水係数が大きくなる

セメントの空隙構造（骨材周辺に形成される遷移帯）の性質を「密実性」と呼ぶ。密実性に優れているほど透水係数は小さい

水セメント比（W／C）が小さいコンクリートほど水密性がよい。一般的なRC造に求められる水セメント比は55％以下

第 4 章
RC躯体の施工

RC躯体の大まかな施工手順は以下の通りです。

まず現場で鉄筋や型枠を組み立て、設備用の貫通孔（スリーブ）や設備配線・配管を敷設します。次にレディーミクストコンクリート工場から運搬されてきたコンクリートの打込みと締固めを行います。その後、適切な養生期間を経て型枠を取り外せばRC躯体の完成です。なかでも躯体施工のメインイベントであるコンクリートの打込みは、ある意味一発勝負です。

かつては設計・監理者や施工担当者が前夜に「お天気祭り」をして、晴天下でのコンクリート打込みを願い、打込み作業の進捗や型枠取外し後のコンクリートの出来に一喜一憂したものです。最近は分業化が進み、全員で打込み作業に当たることは少なくなりましたが、RC構造物の品質に直結する工程なので、本章で解説する施工のポイントは、設計や監理にもぜひ活かしてください。

躯体の施工の流れを知ろう

一般的なRC躯体は、①墨出し→②柱・壁配筋→③柱・壁の設備配管・配線→④柱・壁型枠→⑤梁・スラブ型枠→⑥梁・スラブ配筋→⑦スラブの設備配管・配線→⑧配筋・型枠検査→⑨コンクリート打込み→⑩養生→⑪型枠取外し→⑫躯体検査の順に施工を行います。さまざまな工種の作業員が入れ替わり立ち代わり現場に入って作業を行うので、1日の作業人数を平準化して効率よく工事を進めることが重要です。

躯体工事の12ステップ

①墨出し［108頁参照］

鉄筋

設計図書で示された位置に躯体を構築するために、スラブの上に通り心や躯体の平面位置をトランシットや下げ振りなどを使って墨出しする。階高など高さの基準はレベルなどで墨出しを行う

②柱・壁配筋［122・126頁参照］

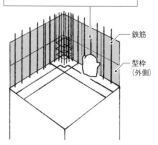

柱と壁の鉄筋を組み立てる。壁筋を組み上げる前に片側（外側）型枠を建て込んでおく

鉄筋

型枠（外側）

③柱・壁の設備配管・配線

鉄筋
鉄筋

コンセントボックスなどの躯体に埋め込む設備配管・配線を鉄筋や型枠に固定する。設置箇所が構造的な弱点にならないことが重要

④柱・壁型枠［148・149頁参照］

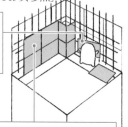

柱や壁の鉛直型枠（返し型枠）は②とほぼ同時並行で作業を進める

壁の返し型枠を建て込む際は、事前に鉄筋の自主検査や工事監理者の検査を行う。建込みが完了した型枠は鉛直精度などを確認する

⑤梁・スラブ型枠［150頁参照］

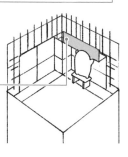

まず梁型枠を柱型枠にかけ渡し、その後スラブ型枠を建て込んでいく

各工程が完了した時点で、そのつど確認・検査をしっかりやろうね

⑥梁・スラブ配筋［124・128頁参照］

ウマ（架台）を用いてスラブ型枠の上で梁筋を組み、梁型枠に落とし込む。スラブ型枠には配筋を行う前に天井インサート［※］などを取り付けておく

スラブ型枠の墨出しした位置に、設備開口などの開口枠も取り付ける

⑦スラブの設備配管・配線

スラブ内の設備配管・配線を行う

⑧配筋・型枠検査［134・136頁参照］

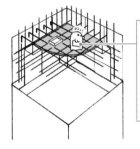

コンクリート打込み前の重要な検査なので、万一の是正も含めて時間的な余裕をもって行う

⑨コンクリート打込み［172〜175頁参照］

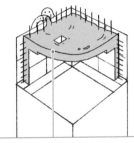

躯体工事の最重要イベント。打込み前にコンクリート受入検査を行い、コンクリートの品質をしっかりと確認する

⑩養生［178頁参照］

コンクリートの強度・耐久性を向上させるための重要な作業。散水養生などを行うことで硬化中のコンクリートの湿度を保ち、乾燥収縮ひび割れなどが発生しないようにする

⑪型枠取外し［181頁参照］

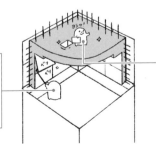

コンクリートの強度が発現したことを確認して、型枠を取り外す。型枠材が散乱し、うす暗い環境での作業となるので、作業員以外は立入禁止区域となる

⑫躯体検査

ジャンカ・コールドジョイント・はらみ・不陸などの不具合がないことを確認する

※ 軽天井や設備・配管などを躯体に固定するための金具。コンクリート打込み前に型枠に設置して躯体に埋め込む

コンクリート材料は適切な環境で貯蔵する

コンクリートには、「レディーミクストコンクリート工場(生コン工場)で製造されるもの」「コンクリート製品工場で製造されるもの」「工事現場で製造されるもの」があります。このうちRC造建築物ではレディーミクストコンクリート工場を使用する場合がほとんどです。材料は決められた方法で貯蔵されているので、工場を訪問した際は、その保管状態を確認しておきましょう。

コンクリート材料の貯蔵施設

セメント
セメントはセメントサイロに貯蔵するのが一般的。貯蔵庫は防湿機能があり、セメントの風化を防止する構造になっている

骨材
種類・産地・粒度などに分けて貯蔵する。貯蔵設備の容量は、工場が有する1日分の最大出荷量以上が必要

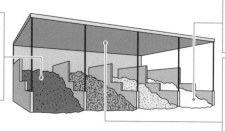

軽量骨材はプレウェッティング[43頁参照]が必要なので、散水設備を設ける

骨材貯蔵庫は、粒の分離・異物混入・風による散逸などを防止し、過剰な水分を排水できる必要がある。また、冬は氷雪の混入や凍結を、夏は乾燥や温度上昇を防ぐことも重要

混和材料
混和材はサイロや倉庫に品質別に分けて貯蔵する。液状の混和剤は、ゴミや不純物が入らないようにポリタンクなどに貯蔵する。分離や凍結に要注意

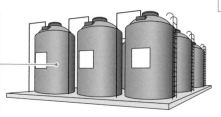

回収水・スラッジ水
回収水やスラッジ水を練混ぜ水に利用する場合は、厳正な品質管理を行う

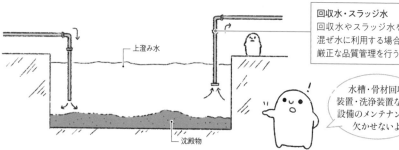

上澄み水

沈殿物

水槽・骨材回収装置・洗浄装置などの設備のメンテナンスも欠かせないよ

コンクリート材料は正確に計量すべし

コンクリートの性能や品質は、使用する材料の分量によって大きく左右されます。コンクリート調合設計によって、各材料の分量は厳密に決められているので、正確に計量しなければなりません。累加計量してもよいのか、別々に計量すべきなのかは、材料によって異なりますので、しっかり確認しておきましょう。

計量におけるルールを知ろう

コンクリートの材料は質量（kg）で計量するが、水や混和剤などの液体は容積（ℓ）で計量してもよい。セメント・骨材・水などは原則として、種類ごとに個別の容器で計量する。

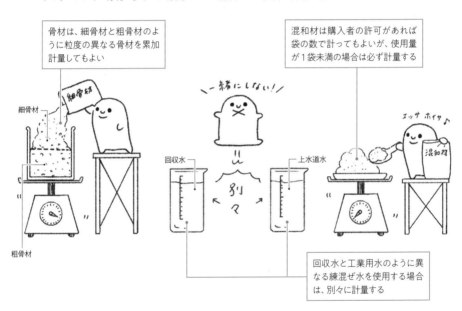

骨材は、細骨材と粗骨材のように粒度の異なる骨材を累加計量してもよい

混和材は購入者の許可があれば袋の数で計ってもよいが、使用量が1袋未満の場合は必ず計量する

細骨材

粗骨材

回収水

上水道水

回収水と工業用水のように異なる練混ぜ水を使用する場合は、別々に計量する

材料の計量値の許容差は、JIS A 5308の規定に従う。最も小さい許容差はセメントと水の±1%

材料の種類	計量値の許容差 （1回計量分）
セメント	±1%
骨材	±3%
水	±1%
混和材	±2%
混和剤	±3%

最近は電気方式のロードセル（荷重変換器）を使った計量が主流だよ。精度に優れ、過酷な環境下で使用しても性能を維持できるんだ

もちろん計量機器の定期的な保守管理をしっかりやっていることが大前提だよ！

コンクリート製造の最終工程は練混ぜ

レディーミクストコンクリート工場の練混ぜは、固定ミキサで行われます。計量・練混ぜ・排出といった一連の製造工程は、モニターカメラやコンピュータを備えた操作室で一括管理します。ここは工場の心臓部ともいえる場所で、最近ではIoT技術を活用して材齢や養生条件などが異なるコンクリートの強度試験の結果を記録する工場が増えています。記録したデータは日々の品質管理や万一の不具合が発生した際の製造工程の確認に使用されます。

材料の投入にも順序がある

材料の投入は、水を投入し始めてしばらく経ってからほかの材料を入れ、これが完了した少し後に水の投入が終わるようにするのが一般的。しかしミキサの型式・練混ぜ時間・骨材の種類や粒度・調合・混和材量の種類によって異なる

練混ぜ時間はほどよい長さで

練混ぜ時間は性能試験の結果を踏まえて決定する。試験を行わない場合は、可傾式（重力式）ミキサで1分30秒、強制練りミキサで1分が最小時間の標準となる

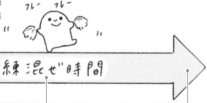

| 練混ぜ時間が短く、練混ぜが不十分だと、不均質なコンクリートになり、圧縮強度が小さくなる | 単位セメント量が多く、粘性の大きい高強度コンクリートや高流動化コンクリートは練混ぜ時間が長くなる | 練混ぜ時間が長すぎると空気量が減少し、ワーカビリティが悪くなる。所定の練混ぜ時間の3倍以上は練り混ぜないようにする |

排出時の注意点

練混ぜが完了したコンクリートは分離しないよう、速やかにミキサから排出する。「傾胴式ミキサ」や「パン型ミキサ」では25秒以内、「水平一軸型ミキサ」や「水平二軸型ミキサ」では15秒以内が目安

連続式ミキサでは最初に排出されたコンクリートは原則として用いない

代表的なミキサの練混ぜ方式は2種類

バッチ式ミキサ

ひと練り分のコンクリート材料の計量→供給（投入）→練混ぜを1つの機械で行える

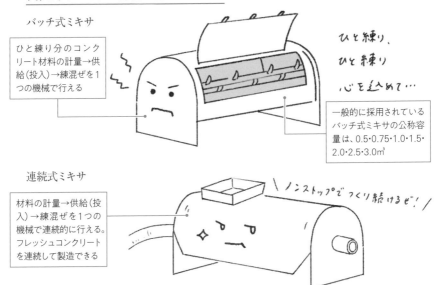

ひと練り、
ひと練り
心を込めて…

一般的に採用されているバッチ式ミキサの公称容量は、0.5・0.75・1.0・1.5・2.0・2.5・3.0㎥

連続式ミキサ

材料の計量→供給（投入）→練混ぜを1つの機械で連続的に行える。フレッシュコンクリートを連続して製造できる

ノンストップでつくり続けるぜ！

ミキサ内部の基本的な構造

重量式ミキサ

内側に練混ぜ用の羽根がついたドラムの回転で材料をすくい上げ、落下させて練り混ぜる。試験練りなどに用いる

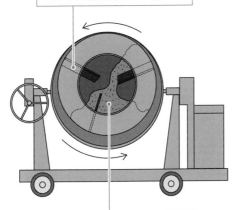

ミキサの性能はコンクリートの混ざり具合で判断する。モルタルおよび単位粗骨材量の差が少ないほどよいとさる。目安はJIS A 8603で規定されている

強制練りミキサ

羽根を回転させて、コンクリート材料を練り混ぜる。水平一軸型・水平二軸型・パン型がある

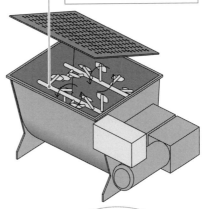

メモ メモ…

でき上がったフレッシュコンクリートは、圧縮強度・空気量・スランプが均一に練り混ぜられていることを試験で確認しよう

墨出しがすべてを決める

施工現場で部材や材料などの位置の基準となるのが「墨」です。墨出しの作業は、RC造の施工サイクルのスタートなので、作業の遅れは全工程の遅れに直結します。また墨が不正確だと、後で手直しが必要になり、予定外のコストや無駄な時間がかかるうえ、手直し箇所に欠陥が生じれば建築物の品質が損なわれます。墨出しは非常に重要な作業なのです。

「地墨」で水平位置を決める

床面に表示される「地墨」は柱や壁などの水平位置の基準となる。地墨は下階から上階へ躯体工事が進むにしたがって、順番に各階のスラブに出していく

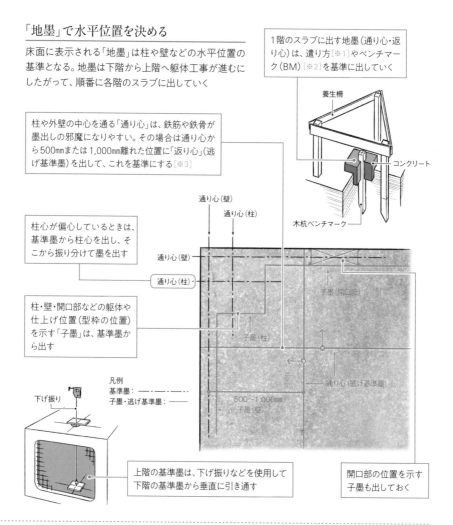

1階のスラブに出す地墨（通り心・返り心）は、遣り方[※1]やベンチマーク（BM）[※2]を基準に出していく

養生柵

コンクリート

木杭ベンチマーク

柱や外壁の中心を通る「通り心」は、鉄筋や鉄骨が墨出しの邪魔になりやすい。その場合は通り心から500mmまたは1,000mm離れた位置に「返り心」（逃げ基準墨）を出して、これを基準にする[※3]

通り心（壁）
通り心（柱）

柱心が偏心しているときは、基準墨から柱心を出し、そこから振り分けて墨を出す

通り心（壁）
通り心（柱）

柱・壁・開口部などの躯体や仕上げ位置（型枠の位置）を示す「子墨」は、基準墨から出す

子墨（開口部）

子墨（柱）

通り心（逃げ基準墨）

凡例
基準墨：—・—・—・—
子墨・逃げ基準墨：———

下げ振り

500～1,000mm

子墨（壁）

上階の基準墨は、下げ振りなどを使用して下階の基準墨から垂直に引き通す

開口部の位置を示す子墨も出しておく

※1 建築物の高さや水平位置の基準を出すために、建物位置から0.5～1m程度離れた場所に打ち込まれた杭のこと
※2 敷地境界杭・隣接建物・道路中心線などの動かない基準物に設ける目印
※3 通り心や返り心などの基準墨は「親墨」ともいう

「陸墨」で高さを決める

「地墨」が水平方向の基準となるのに対して、高さ方向の基準となる鉛直の墨は「陸墨」という。陸墨は各階の階高・開口部・外壁目地などの高さ基準となる。地墨と同様に、陸墨も下階の陸隅を基準として順に上階へと移していく

> 1階の陸墨はベンチマークなどを高さの基準にしよう

2階以上の陸墨は、階高など鉛直面の基準となる墨を鉄筋に移していく。上部鉄筋やフープ筋の設置が完了した状態の鉄筋にビニルテープで表示する。表示場所は主筋や鉄骨柱などの四隅で、FL＋1,000mmの高さ

> 柱筋の陸墨は、梁下端の位置を設定するうえでも重要だよ

1,000mm

陸墨から水糸を張れるように、壁が取り付く柱には壁が取り付く部分の主筋にも陸墨を表示する

壁型枠（外側）

外側の壁型枠を建込んだ後に、窓・設備の開口部や外壁目地の位置などを墨出しする。この墨を基準に壁筋や開口補強筋を組み立てる

鉄筋の墨出しは、型枠工事の墨出しと並行して行われる

内側

「墨出基準図」で墨の位置を確認！

基準墨（地墨・陸墨）の位置は「墨出基準図」を作成して、随時確認できるようにしておく。仮設事務所などに張り出しておくとよい

> 「基準墨」「親墨」「子墨」「返り心」…言い方がいろいろあってややこし〜

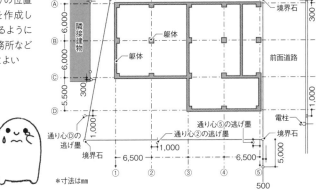

500　敷地境界線の逃げ墨

通り心②の逃げ墨

敷地境界線
境界石

隣接建物　1,000　電柱

1,000　1,000　8,000

境界石　300

躯体

隣接建物

躯体

6,000
6,000
5,500
300
1,000

前面道路

1,000

通り心⑤の逃げ墨

通り心②の逃げ墨

電柱

境界石

通り心Ⓓの逃げ墨

1,000　通り心②の逃げ墨

境界石　5,000　500

6,500　1,000　6,500

① ② ③ ④ ⑤

＊寸法はmm

鉄筋をしっかり保護できるかぶり厚さを確保しよう

RC造の構造を補強する鉄筋は構造計算で求められた応力に対応する強度のものを決められた本数だけ、決められた位置に設けなければなりません。また、構造躯体が所定の耐用年数に耐え、火災時の鉄筋強度の低下を防ぐために、十分なかぶり厚さを確保する必要があります。かぶり厚さは建築基準法施行令に示されていますが、この厚さが不足すると法令違反になってしまいます。つまり、コンクリート内に鉄筋が無理なく収まるだけの十分な躯体断面寸法を確保しなければならないのです。

かぶり厚の確認と調整を念入りに

鉄筋の加工・組立てを行う際は「設計かぶり厚さ」以上のかぶり厚さを確保できるように作業を行う。なお配筋検査では「最小かぶり厚さ」[※1]以上のかぶり厚さを確保できていることを確認する

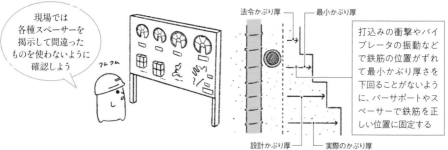

現場では各種スペーサーを掲示して間違ったものを使わないように確認しよう

法令かぶり厚　最小かぶり厚

設計かぶり厚　実際のかぶり厚

打込みの衝撃やバイブレータの振動などで鉄筋の位置がずれて最小かぶり厚さを下回ることがないように、バーサポートやスペーサーで鉄筋を正しい位置に固定する

かぶり厚さの最小限度

「基礎や地中に直接打ち込まれる構造物などのコンクリートは75mm以上」「水中で施工する構造物の場合は100mm以上」など、構造物の環境や施工条件によって、かぶり厚さの最小限度が定められている

部材の種類		基準法令79条	JASS5　最小かぶり厚さ					JASS5　設計かぶり厚さ				
			計画共用期間の級					計画共用期間の級				
			短期	標準・長期		超長期		短期	標準・長期		超長期	
			屋内・屋外	屋内	屋外*	屋内	屋外*	屋内・屋外	屋内	屋外*	屋内	屋外*
構造部材	柱・梁・耐力壁	3cm	30mm	30mm	40mm	30mm	40mm	40mm	40mm	50mm	40mm	50mm
	床スラブ・屋根スラブ		20mm	20mm	30mm	30mm	40mm	30mm	30mm	40mm	40mm	50mm
非構造部材	構造部材と同等の耐久性を要する部材	2cm	20mm	20mm	30mm	30mm	40mm	30mm	30mm	40mm	40mm	50mm
直接土に接する柱・梁・壁・床および布基礎の立上り部		4cm	40mm					50mm				
基礎		6cm	60mm					70mm				

* 計画共用期間の級が標準・長期・および超長期で、耐久性上有効な仕上げを施す場合は、屋外側のかぶり厚さを10mm減じることができる

....

※1 必ず遵守すべきかぶり厚さ。これを下回ると「建築基準法施行令第79条」違反となる

鉄筋にはあきと間隔が必要

RC躯体が十分な強度を発揮するためには、コンクリートを密実に打ち込む必要があります。コンクリートの充填性を確保するためには、鉄筋の「あき」および「間隔」を粗骨材が十分通過できる寸法にしなければなりません。鉄筋のあきと間隔は鉄筋径とコンクリートの粗骨材の最大寸法によって決まります。

異形鉄筋のあきの最小値早見表[※2]

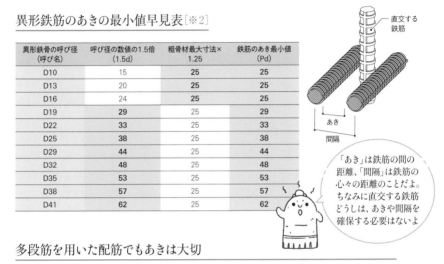

異形鉄骨の呼び径 （呼び名）	呼び径の数値の1.5倍 （1.5d）	粗骨材最大寸法× 1.25	鉄筋のあき最小値 （Pd）
D10	15	25	25
D13	20	25	25
D16	24	25	25
D19	29	25	29
D22	33	25	33
D25	38	25	38
D29	44	25	44
D32	48	25	48
D35	53	25	53
D38	57	25	57
D41	62	25	62

直交する鉄筋

あき
間隔

「あき」は鉄筋の間の距離、「間隔」は鉄筋の心々の距離のことだよ。ちなみに直交する鉄筋どうしは、あきや間隔を確保する必要はないよ

多段筋を用いた配筋でもあきは大切

梁の応力が大きいと鉄筋が1段では足りないことがある。そのような場合は、梁せいを大きくするのではなく、多段筋（柱の場合は寄筋）で設計される。多段筋は専用金物などで正確な位置に固定し、しっかりとあきを確保する

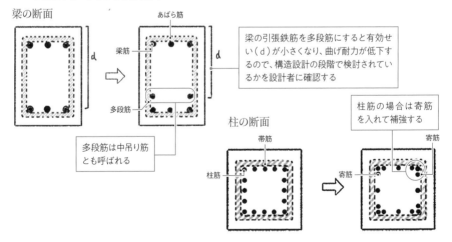

梁の断面

あばら筋
梁筋
多段筋
d

梁の引張鉄筋を多段筋にすると有効せい（d）が小さくなり、曲げ耐力が低下するので、構造設計の段階で検討されているかを設計者に確認する

多段筋は中吊り筋とも呼ばれる

柱の断面

帯筋
柱筋
寄筋

柱筋の場合は寄筋を入れて補強する

寄筋

※2 鉄筋のあきは、「① 粗骨材の最大寸法の1.25倍」「② 25mm」「③ 隣り合う鉄筋の平均値の1.5倍」のいずれか最大値をとる

鉄筋は加工と結束を正確に行う

鉄筋はメーカーから加工場に搬入され、設計図書・鉄筋組立図・加工図・加工帳をもとに必要な寸法に常温で切断・曲げ加工されます。その後、現場に搬入されて材料受入検査を経て、組み立てられます。鉄筋を組み立てる際は所定の位置に正しく配筋することと、コンクリート打込み時に動かないように強固に結束することが重要です。

鉄筋の突当長さの取り方

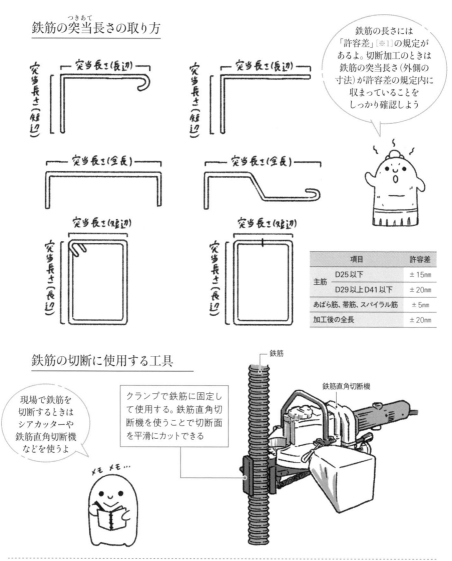

鉄筋の長さには「許容差」[※1]の規定があるよ。切断加工のときは鉄筋の突当長さ（外側の寸法）が許容差の規定内に収まっていることをしっかり確認しよう

項目		許容差
主筋	D25以下	±15mm
	D29以上D41以下	±20mm
あばら筋、帯筋、スパイラル筋		±5mm
加工後の全長		±20mm

鉄筋の切断に使用する工具

現場で鉄筋を切断するときはシアカッターや鉄筋直角切断機などを使うよ

クランプで鉄筋に固定して使用する。鉄筋直角切断機を使うことで切断面を平滑にカットできる

鉄筋

鉄筋直角切断機

メモ メモ…

※1「設計図に示された寸法」と「実際の寸法」の差の許容範囲

鉄筋は曲げすぎ注意

鉄筋は種類や径によって「折曲げ内法径」(D)の最小値が決められている。Dが小さいほど、折曲げ部の支圧応力は大きくなる。折曲げ部の支圧応力が大きすぎると局所的に圧縮荷重が大きくなり、コンクリートにひび割れが発生するので、Dが小さくなり過ぎてはいけない

鉄筋は熱処理すると材の性質が変わっちゃうから、曲げ加工するときはバーベンダーを使った冷間加工で折り曲げるよ

折曲げ角度	折曲げ図	鉄筋の種類 (D)			使用箇所
		SD295・SD345・SDR295・SDR345		SD390	
		D16以下	D19〜D38	D19〜D38	
180°	180°	3d以上	4d以上	5d以上	柱・梁の主筋 杭基礎のベース筋 D16以上の鉄筋
135°	135°	3d以上	4d以上	—	あばら筋 帯筋 スパイラル筋 D13以下の鉄筋
90°	90°	3d以上	4d以上	5d以上	T型およびL型の梁のあばら筋
135°および90°		3d以上	4d以上	—	幅止め筋

打込みで鉄筋がずれないようにしっかり結束

鉄筋は、コンクリートの打込みが完了するまで、ずれたり動いたりしないように所定の位置にしっかりと固定しなければならない。サポートやスペーサー[114頁参照]を使うほか、鉄筋が交差している場所は0.8mm(21♯)程度の結束線で縛り付けていく

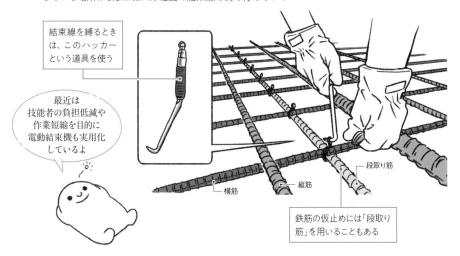

結束線を縛るときは、このハッカーという道具を使う

最近は技能者の負担低減や作業短縮を目的に電動結束機も実用化しているよ

横筋

縦筋

段取り筋

鉄筋の仮止めには「段取り筋」を用いることもある

サポートやスペーサーは適材適所で使い分ける

　鉄筋の組立てを正確に行っても、コンクリート打込み時の衝撃や振動で鉄筋の配置が乱れてしまっては、躯体の品質や安全性を確保することはできません。そこで、鉄筋を正しい位置で固定し、適切なかぶり厚さを確保するためにサポートやスペーサーを用いる必要があります[※1]。

> 水平鉄筋の位置を保持するものを「サポート」、側面の型枠に対して鉄筋のかぶり厚さを保持するものを「スペーサー」というよ！

素材の特性に応じた使い分けが大切

　スペーサーやサポートには、鉄筋を安定して支持し、コンクリートの重量や打込み時の衝撃などに対して変形・破壊しない形状・剛性・強度が求められる。主にコンクリート製・鋼製・プラスチック製の3種類があるので、使用場所と目的に応じて適宜使い分ける必要がある

鋼製サポート

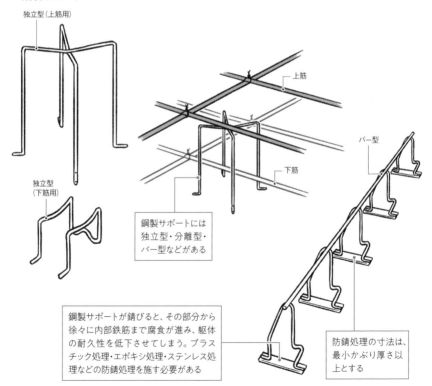

独立型（上筋用）

上筋

バー型

独立型
（下筋用）

下筋

鋼製サポートには独立型・分離型・バー型などがある

鋼製サポートが錆びると、その部分から徐々に内部鉄筋まで腐食が進み、躯体の耐久性を低下させてしまう。プラスチック処理・エポキシ処理・ステンレス処理などの防錆処理を施す必要がある

防錆処理の寸法は、最小かぶり厚さ以上とする

※1 種類・数量・配置などの標準仕様は、『建築工事標準仕様書・同解説 JASS5 鉄筋コンクリート工事』（日本建築学会）に定められている

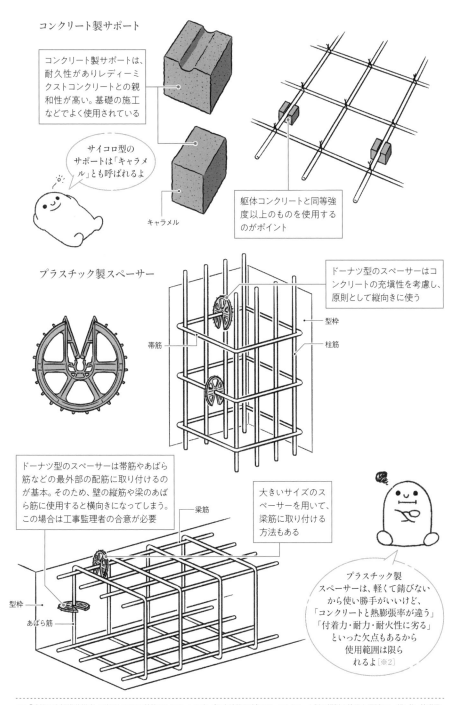

コンクリート製サポート

コンクリート製サポートは、耐久性がありレディーミクストコンクリートとの親和性が高い。基礎の施工などでよく使用されている

サイコロ型のサポートは「キャラメル」とも呼ばれるよ

キャラメル

躯体コンクリートと同等強度以上のものを使用するのがポイント

プラスチック製スペーサー

ドーナツ型のスペーサーはコンクリートの充填性を考慮し、原則として縦向きに使う

型枠

帯筋

柱筋

ドーナツ型のスペーサーは帯筋やあばら筋などの最外部の配筋に取り付けるのが基本。そのため、壁の縦筋や梁のあばら筋に使用すると横向きになってしまう。この場合は工事監理者の合意が必要

大きいサイズのスペーサーを用いて、梁筋に取り付ける方法もある

梁筋

型枠

あばら筋

プラスチック製スペーサーは、軽くて錆びないから使い勝手がいいけど、「コンクリートと熱膨張率が違う」「付着力・耐力・耐火性に劣る」といった欠点もあるから使用範囲は限られるよ[※2]

※2『建築工事標準仕様書・同解説 JASS5 鉄筋コンクリート工事』(日本建築学会)では、コンクリート製と鋼製の使用を原則とし、梁・柱・基礎梁・壁および地下外壁の側面に限りプラスチック製スペーサーを用いてもよいとしている

十分な「定着」が構造を一体化させる

柱と梁、梁とスラブなどのように構造部材どうしがつながっている箇所は、互いの鉄筋がコンクリートから抜けてしまわないようにしっかりと埋め込まれていなければなりません。この構造部材の接合部に鉄筋を埋め込むことを「定着」といい、この部分が正しく設計・施工されていないと、応力がうまく伝達されなくなります。RC造の構造上とても重要なポイントです。

定着がなければ構造は成り立たない

定着がないと……

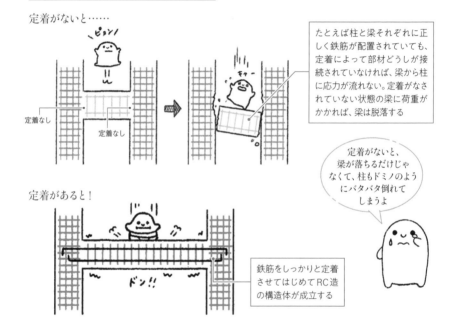

定着なし

定着なし

たとえば柱と梁それぞれに正しく鉄筋が配置されていても、定着によって部材どうしが接続されていなければ、梁から柱に応力が流れない。定着がなされていない状態の梁に荷重がかかれば、梁は脱落する

定着がないと、梁が落ちるだけじゃなくて、柱もドミノのようにバタバタ倒れてしまうよ

定着があると！

鉄筋をしっかりと定着させてはじめてRC造の構造体が成立する

必要な定着の長さは場所によって違う

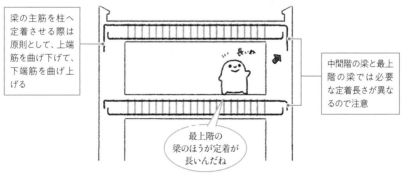

梁の主筋を柱へ定着させる際は原則として、上端筋を曲げ下げて、下端筋を曲げ上げる

中間階の梁と最上階の梁では必要な定着長さが異なるので注意

最上階の梁のほうが定着が長いんだね

定着の長さと形状

定着部に必要な長さのことを「定着長さ」と呼ぶ。必要な定着長さは、部材や鉄筋の種類・径・コンクリート強度によって規定される。鉄筋強度が高く、コンクリート強度が低く、鉄筋径が大きいほど定着長さは長くなる。また定着は、定着部の形状に応じて直線定着・折曲げ定着・機械式定着の3種類がある

> 直線定着は杭頭鉄筋・スラブ筋・壁筋などの定着に採用されるよ

直線定着は長さが必要

> 直線定着は2本の鉄筋を平行に重ね、異形鉄筋の節の引掛かりと、コンクリートへの付着のみで定着させる方法。定着力があまり強くないので定着長さは長くなる

> 定着のために上に伸びている壁筋には、施工時に先端が作業員に刺さらないように鉄筋カバーを設けるかフックを設置する

打継ぎ部

NG

折曲げ定着の角度は3パターン

> 鉄筋の先端を折り曲げて定着させる方法を折曲げ定着という。角度は90°・135°・180°が基本

> 小梁やスラブの上端筋を大梁に定着させる場合は90°が基本

90°

135°

> 折曲げ定着では、「①定着長さの全長(L2)」「②折曲げ部の余長」「③投影面の長さ」の3点すべてで必要な定着長さを確保しなければならない

180°

機械式定着は配筋が込み合う場所に使う

> 機械式定着は、先端を大きくすることで鉄筋の定着力を高める方法である。配筋が込み合っている狭い部分などの折曲げ定着が難しい場合に採用する

プレート定着

機械式定着

> 機械式定着鉄筋には、「プレート定着型せん断補強鉄筋工法」や「拡径部による機械式定着鉄筋工法」などがあるよ[※]

※ これらは指定性能評価機関などの技術評価で性能が確認されたものを採用する

継手は構造上の弱点にならないことが大切

鉄筋は定尺のものが工場で加工され、現場に搬入されます。そのため建物の規模に合った鉄筋を組むためには、現場で鉄筋どうしをつなぎ合わせる必要があります。このつなぎ目を「継手」と呼び、鉄筋の径や接合位置などに応じた工法があります。

継手配置の基本は「うま継手」

継手は鉄筋の強度が落ちるポイントなので大きな応力が働く位置には設けない。また、継手箇所が1箇所に集中しないようにすることも重要である

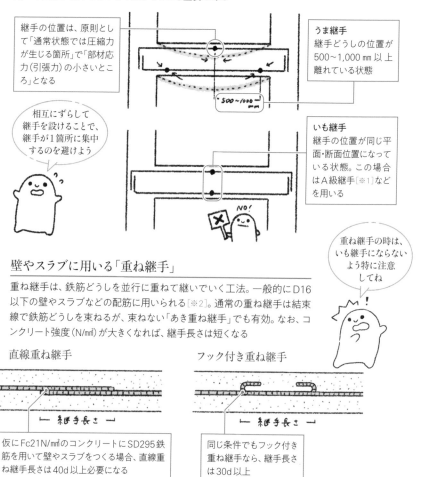

継手の位置は、原則として「通常状態では圧縮力が生じる箇所」で「部材応力(引張力)の小さいところ」となる

うま継手
継手どうしの位置が500〜1,000 mm以上離れている状態

相互にずらして継手を設けることで、継手が1箇所に集中するのを避けよう

いも継手
継手の位置が同じ平面・断面位置になっている状態。この場合はA級継手[※1]などを用いる

重ね継手の時は、いも継手にならないよう特に注意してね

壁やスラブに用いる「重ね継手」

重ね継手は、鉄筋どうしを並行に重ねて継いでいく工法。一般的にD16以下の壁やスラブなどの配筋に用いられる[※2]。通常の重ね継手は結束線で鉄筋どうしを束ねるが、束ねない「あき重ね継手」でも有効。なお、コンクリート強度(N/㎟)が大きくなれば、継手長さは短くなる

直線重ね継手

仮にFc21N/㎟のコンクリートにSD295鉄筋を用いて壁やスラブをつくる場合、直線重ね継手長さは40d以上必要になる

フック付き重ね継手

同じ条件でもフック付き重ね継手なら、継手長さは30d以上

※1 強度と剛性が母材とほぼ同等だが、それ以外の性能は母材よりもやや劣る継手のこと。継手の等級は、性能の高いものからSA級・A級・B級・C級となる
※2 D35以上の異形鉄筋には重ね継手は用いない

柱や梁の主筋に用いる「ガス圧接継手」

ガス圧接継手は、酸素アセチレン炎[※3]などを用いて加熱した鉄筋に圧力を加えながら接合する工法。一般的にはD19以上の柱筋や梁筋などで採用され、母材（鉄筋の継手ではない部分）と同等の引張強さを確保できる

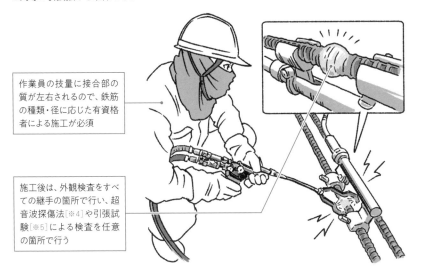

作業員の技量に接合部の質が左右されるので、鉄筋の種類・径に応じた有資格者による施工が必須

施工後は、外観検査をすべての継手の箇所で行い、超音波探傷法[※4]や引張試験[※5]による検査を任意の箇所で行う

太くて高強度の鉄筋には「機械式継手」と「溶接継手」

太径鉄筋（呼び径がD29以上の異形鉄筋）と高強度鉄筋（降伏点が490N／㎟を超えるような鉄筋）には機械式継手や溶接継手が採用されることが多い

機械式継手

カプラーなどの部品で機械的に鉄筋をつなぎ合わせる工法。鉄筋の縮みがなく、いも継手でもよいため、鉄筋先組工法[138頁参照]やプレキャスト（PCa）工法などで採用される

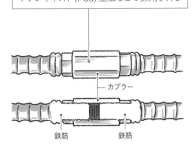

カプラー

鉄筋　　　　鉄筋

溶接継手

溶接棒を用いて鉄筋を溶接する工法。高層建築物の鉄筋先組工法やプレキャスト（PCa）工法などで採用される。「アーク突合せ溶接継手」や「突合せ抵抗溶接継手」などの工法がある

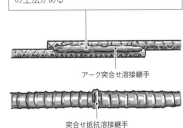

アーク突合せ溶接継手

突合せ抵抗溶接継手

※3 酸素とアセチレンを混合させたガスを燃焼させてつくる炎
※4 現場で抜き取らず2探触子透過法によるエコーから圧接部の表面や内部に欠陥などがないことを確認する試験
※5 現場で抜き取った鉄筋圧接部（供試体）を法的試験機関の引張試験機で引っ張って、基準通りの強度を持っているかを判断する試験

基礎を介して地盤や杭に荷重が流れるようにする

基礎は建物の荷重を地盤に伝える重要な役割を担っています。RC造で用いられる基礎の支持方法は基本的に「直接基礎」と「杭基礎」の2種類です。そして、基礎躯体の形式には独立基礎・複合基礎・連続基礎・べた基礎などのさまざまな種類があります。

直接基礎

直接基礎は地盤に直接設置する基礎のこと。この支持方法は、基礎が接する地盤が建物の荷重を十分に支えられる地耐力を有することが前提となる。地耐力が不十分な場合は、セメントや石灰などを混ぜて地盤改良をする必要がある

杭基礎

杭基礎は、地下の支持地盤まで杭を到達させ、その杭に建物の軸力や地震時に発生する曲げモーメントを負担させる。地盤が軟弱な場合や建物の重さが重い場合に採用される

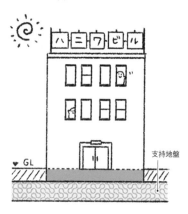

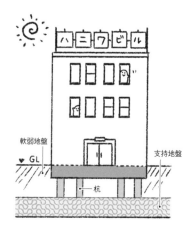

直接基礎の独立基礎

直接基礎のベース筋(基礎筋)は格子状に配筋する。後で配筋される柱筋や基礎梁筋と交差しないように、ベース筋はフーチングの下端から100〜150mm程度上げた位置に配筋する

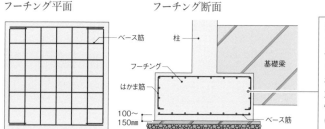

フーチング平面

フーチング断面

ベース筋

柱

フーチング

はかま筋

100〜150mm

基礎梁

ベース筋

独立基礎の場合は、フーチングの上側と側面に「はかま筋」という鉄筋を入れる。構造上は不要な鉄筋だが、基礎の耐久性を高めるために、ほとんどの独立基礎で用いられている

直接基礎のベタ基礎

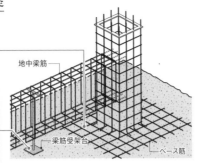

耐圧版の下端筋と柱脚部の配筋を先に行ってから耐圧版や地中梁の配筋を行う

地中梁はほかの構造部材よりも断面が大きく、太径鉄筋を大量に使用するので、主筋が下がらないように梁筋受架台などで支えながら作業を進める[※]

ベタ基礎は耐圧版で建物の荷重を分散し、地反力を受けて建物を支える基礎形式だよ

地中梁筋

梁筋受架台

ベース筋

地中梁や耐圧版の配筋は、ベタ基礎か独立基礎かによって、受ける地反力や水圧が異なる。それによって継手位置やカットオフ筋長さなどに違いが出るので、構造設計者に確認する

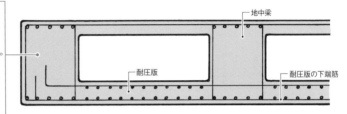

地中梁

耐圧版

耐圧版の下端筋

杭基礎の配筋

杭は通常、柱の直下に配置される。柱心と杭心が一致しない場合は、柱からの偏心モーメントがフーチングや基礎梁に発生するので、補強筋を設けなければならない

地震時に生じる水平力によって、杭頭には大きな曲げモーメントが作用する。この力を杭頭→フーチング→地中梁と確実に伝達させるために、杭頭とフーチングは杭頭補強筋で強固に接合しなければならない

一般的に杭頭補強筋の定着長さは40d

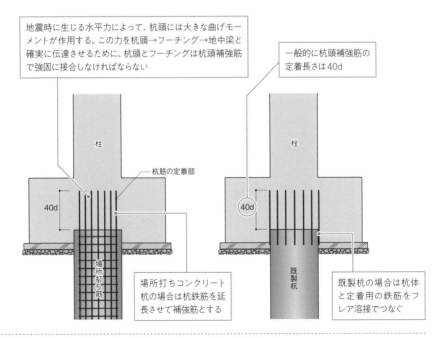

柱

杭筋の定着部

40d

場所打ち筋

柱

40d

既製杭

場所打ちコンクリート杭の場合は杭鉄筋を延長させて補強筋とする

既製杭の場合は杭体と定着用の鉄筋をフレア溶接でつなぐ

※ 基礎梁筋の継手位置は杭の有無・上載荷重・杭反力によって異なる

柱の配筋はねじれやずれに細心の注意を払う

柱には、鉛直荷重を支え、建物に働く力を基礎まで伝達させる重要な役割があります。柱の鉄筋は上階へ伸びるに従って、本数が減り、径が小さくなるのが一般的です。ただし、空間の用途や階高などによっては、必要な耐力を確保するために本数が増加することもあります。また、柱筋は施工時にねじれやすいので、下階から精度をしっかり確保しなければなりません。

柱筋の配筋と調整のポイント

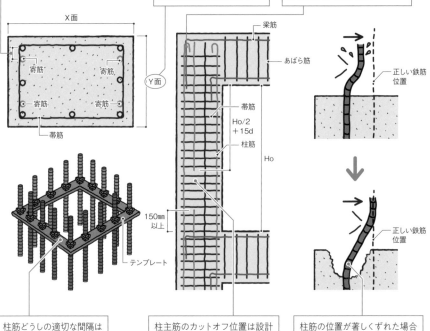

寄筋と柱筋のあき[111頁参照]は必要な分だけ確保されていることをしっかり確認する。柱断面図に記載されている鉄筋の間隔を遵守すること

意匠的に柱断面の大きさを変えている場合、必ずしも長い柱面の鉄筋本数が多くなるとは限らない。X・Y方向で寸法が異なる場合、柱筋の配置や本数には注意する

最上部の柱筋の出隅は、火災時に2方向から加熱されて、剥落しやすい。こうなると鉄筋の付着効果が期待できなくなるのでフックを設ける必要がある(建築基準法施行令第73条)

X面

寄筋

寄筋

寄筋

寄筋

帯筋

Y面

梁筋

あばら筋

帯筋

Ho/2 +15d

柱筋

Ho

正しい鉄筋位置

正しい鉄筋位置

150㎜以上

テンプレート

柱筋どうしの適切な間隔は「テンプレート」を用いて調整する。テンプレートには鋼製のものやベニヤを用いた簡易的なものがある

柱主筋のカットオフ位置は設計図に示された位置を厳守する

柱筋の位置が著しくずれた場合は、鉄筋を曲げて調整(台直し)をする。ただし、曲げられる角度には限度があるので、ずれが大きい場合は、コンクリートを斫って曲げ代を確保する

柱筋の継手位置

圧縮指示器

400mm

500mm

柱筋の継手位置は、応力が少ない柱有効寸法の上下1/4の箇所が望ましい

梁下端

Ho/4

柱

柱有効寸法(Ho)

Ho/4

スラブ

ガス圧接継手を採用する場合は施工性を優先して、柱脚から＋500mm以上の高さとする

圧接支持器が入るように、隣り合う柱筋の継手位置は400mm程度高さを変える

鉄筋工とガス圧接工の相番作業になるから、現場での連係が大切！

柱と基礎の接合部の配筋

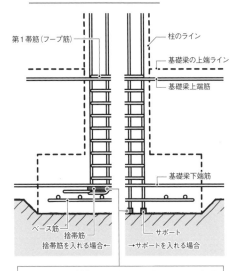

第1帯筋（フープ筋）

柱のライン

基礎梁の上端ライン

基礎梁上端筋

基礎梁下端筋

ベース筋
捨帯筋
捨帯筋を入れる場合←

サポート
→サポートを入れる場合

柱筋の脚部は基礎梁より先に組み立てるのが一般的。基礎梁の配筋作業中は柱筋受筋（捨帯筋）やサポートを設けて、柱筋の形状と安定性を保持する

帯筋

帯筋のフックは1箇所に集中させない。2箇所の隅もしくは4隅を順番に回るように配置する

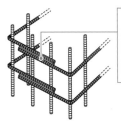

L型の帯筋を使用する場合は、鉄筋の接点にフレア溶接を施す

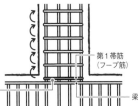

第1帯筋（フープ筋）

梁上端筋

柱と梁の接合部は、梁上端筋の直上に第1帯筋（フープ筋）を配置し、そこから順に設計間隔で配置する

梁筋はせいの大きいものから順に組み立てる

梁筋の組立ては、梁せいの大きい梁から着手していきます。また鉄筋量の多い梁も優先順位は高くなります。梁筋どうしが直交する場所では、X・Y方向のどちらの梁筋が上になるのかが、構造計算上非常に重要となるので、構造図をしっかり確認します。記載のない場合は構造設計者に確認しましょう。

梁筋定着のポイント

カットオフ筋の長さや位置は鉄筋の径や寸法によって異なるよ。設計図書の記載内容を遵守しよう[※1]

カットオフ筋の定着

カットオフ筋を両端部に入れる場合は15d以上、中央部に入れる場合は20d以上の余長を確保する

カットオフの位置が梁の端部上端筋か中央部下端筋かで定着の余長が異なるんだね

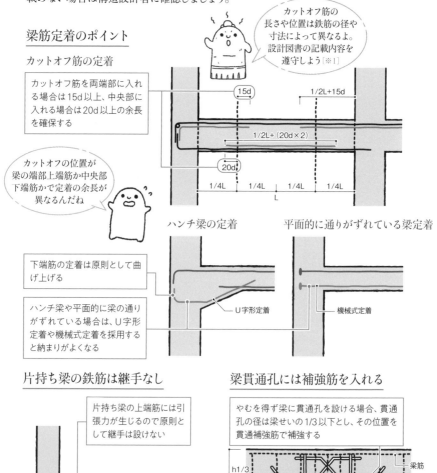

ハンチ梁の定着

下端筋の定着は原則として曲げ上げる

ハンチ梁や平面的に梁の通りがずれている場合は、U字形定着や機械式定着を採用すると納まりがよくなる

U字形定着

平面的に通りがずれている梁定着

機械式定着

片持ち梁の鉄筋は継手なし

片持ち梁の上端筋には引張力が生じるので原則として継手は設けない

梁貫通孔には補強筋を入れる

やむを得ず梁に貫通孔を設ける場合、貫通孔の径は梁せいの1/3以下とし、その位置を貫通補強筋で補強する

梁筋
あばら筋
貫通補強筋

※1 鉄筋の本数によってもカットオフ長さは異なるので特記仕様書を確認する

梁主筋以外の配筋のポイント

あばら筋

大梁・小梁の「第1あばら筋」は柱面や大梁面に設ける

柱 梁

キャップタイ

キャップタイのフック形状はスラブの取り付く側が90°、取り付かない側が135°

小梁

大梁

スラブ

梁の両側にスラブが取り付く場合、キャップタイのフック形状は両方とも90°にする

幅止め筋

あばら筋

あばら筋
腹筋

1,000 1,000

梁せいが600mmを超える梁では、梁筋の幅が歪まないように腹筋［※2］に幅止め筋（D10@1,000mm程度）を架け渡す

梁筋の組立て

梁筋は、上端筋にかんざしパイプを1スパンあたり2～3箇所程度かけ渡し、ウマで保持して配筋する

メモ メモ…

型枠内では配筋や結束ができないからスラブ型枠板の上で作業するんだね

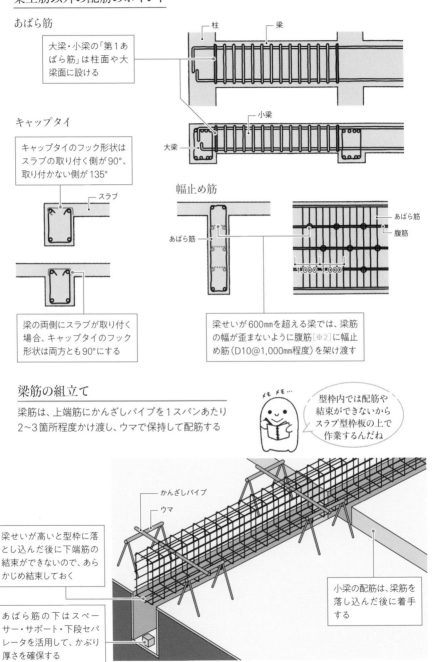

かんざしパイプ
ウマ

梁せいが高いと型枠に落とし込んだ後に下端筋の結束ができないので、あらかじめ結束しておく

あばら筋の下はスペーサー・サポート・下段セパレータを活用して、かぶり厚さを確保する

小梁の配筋は、梁筋を落し込んだ後に着手する

※2 腹筋はあばら筋の形状を保持するために設ける

鉄筋加工と配筋の要点　125

壁筋は柱・梁・スラブへの定着を忘れずに

壁には耐力壁・非耐力壁・地下外壁などのいろいろな構造的役割があります。配筋は格子状の鉄筋を1重（シングル）か2重（ダブル）で組み立てますが、ひび割れを抑制するためにダブル配筋にすることが多いです。ただし、柱・梁・スラブといったほかの構造部材にしっかり定着させなければならないので、鉄筋の組立て順序やかぶり厚さなどの納まりを十分に検討する必要があります。下階からの定着筋や差し筋にも注意しましょう。

壁筋の配筋手順

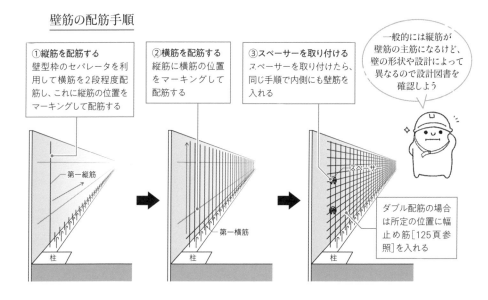

①縦筋を配筋する
壁型枠のセパレータを利用して横筋を2段程度配筋し、これに縦筋の位置をマーキングして配筋する

②横筋を配筋する
縦筋に横筋の位置をマーキングして配筋する

③スペーサーを取り付ける
スペーサーを取り付けたら、同じ手順で内側にも壁筋を入れる

一般的には縦筋が壁筋の主筋になるけど、壁の形状や設計によって異なるので設計図書を確認しよう

第一縦筋

第一横筋

柱

スペーサー

ダブル配筋の場合は所定の位置に幅止め筋［125頁参照］を入れる

地上と地下で継手の位置は異なる

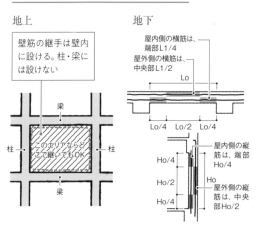

地上

壁筋の継手は壁内に設ける。柱・梁には設けない

梁
柱
このエリアならどこで継いでもOK
柱
梁

地下

屋内側の横筋は、端部L1/4
屋外側の横筋は、中央部L1/2

Lo
Lo/4　Lo/2　Lo/4

Ho/4
Ho/2
Ho/4
Ho
屋内側の縦筋は、端部Ho/4
屋外側の縦筋は、中央部Ho/2

配筋作業のちょっとしたテクニック

地下外壁の基礎梁への鉄筋の定着は、耐圧版まで達しないが、1本おきに耐圧版まで鉄筋を届かせることで、配筋作業がやりやすくなる

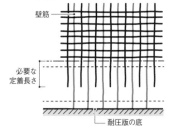

壁筋

必要な定着長さ

耐圧版の底

壁の端部と隅部の補強筋

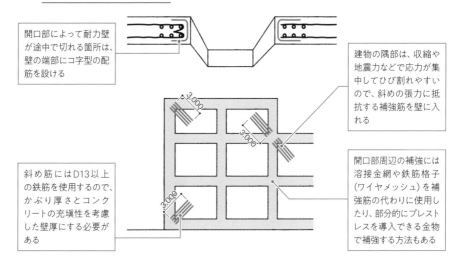

開口部によって耐力壁が途中で切れる箇所は、壁の端部にコ字型の配筋を設ける

建物の隅部は、収縮や地震力などで応力が集中してひび割れやすいので、斜めの張力に抵抗する補強筋を壁に入れる

斜め筋にはD13以上の鉄筋を使用するので、かぶり厚さとコンクリートの充填性を考慮した壁厚にする必要がある

開口部周辺の補強には溶接金網や鉄筋格子（ワイヤメッシュ）を補強筋の代わりに使用したり、部分的にプレストレスを導入できる金物で補強する方法もある

壁筋定着は部材の取合いによってさまざま

壁筋の定着方法は、壁の形状や柱・梁の取合いによって異なる

壁の面と柱・梁の面がそろっている場合

外側鉄筋は柱や梁の中心線を超えて定着させる

壁　柱

梁

壁

壁の通り心と柱・梁の通り心がそろっている場合

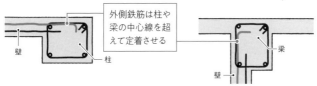

壁　柱

両側に壁がある場合は通し配筋とする。継手は壁部に設ける。壁筋は柱筋の組立て後に組立てる

梁

壁

壁筋の上から梁筋を落とし込むので、直線定着にすることが多い。通し配筋にすることもある

壁のコーナー部

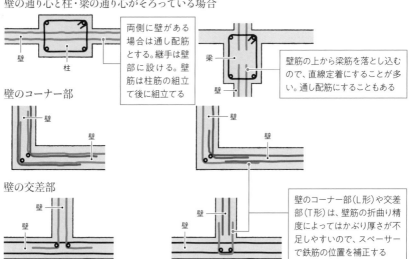

壁

壁

壁

壁

壁の交差部

壁

壁

壁

壁

壁のコーナー部（L形）や交差部（T形）は、壁筋の折曲り精度によってはかぶり厚さが不足しやすいので、スペーサーで鉄筋の位置を補正する

スラブは主筋と配力筋の上下関係と継手の位置に注意

一般的な床スラブは4辺を大梁や小梁に囲まれた矩形です。構造上の主な役割として
は、床の荷重を梁に伝えることと、ラーメン構造において水平荷重をバランスよく伝え
ることです。配筋方法としては、かつては「ベンド配筋」が採用されていましたが、近年
はモチ網スラブ形式が主流になっています。ちなみに、主筋と配力筋(副筋)の上下関係
(前後関係)の考え方は、壁筋[126頁参照]と同じです。

配筋を考える前にスラブの区分けを行う

スラブ筋は、「柱列帯」と「柱間帯」に区分けして考
えます

柱列帯は
「柱のある列」で、柱間帯
は「柱の間の列」のこと
だね。そして、その境界は
有効スパンの1/4って
わけだ!

メモ メモ…

柱列帯はほかの部分よりも大き
な曲げモーメントを受ける

柱間帯は柱列帯以外の
エリアを意味する

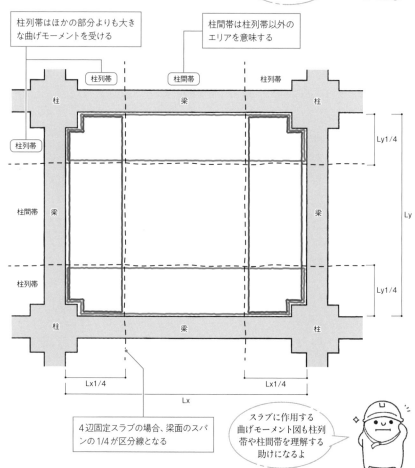

4辺固定スラブの場合、梁面のスパ
ンの1/4が区分線となる

スラブに作用する
曲げモーメント図も柱列
帯や柱間帯を理解する
助けになるよ

主筋は短辺で配力筋は長辺

主筋と配力筋はいずれも荷重に抵抗する鉄筋である。4辺固定スラブでは短辺方向の応力のほうが大きいので、短辺方向を「主筋」、長辺方向を「配力筋」とする

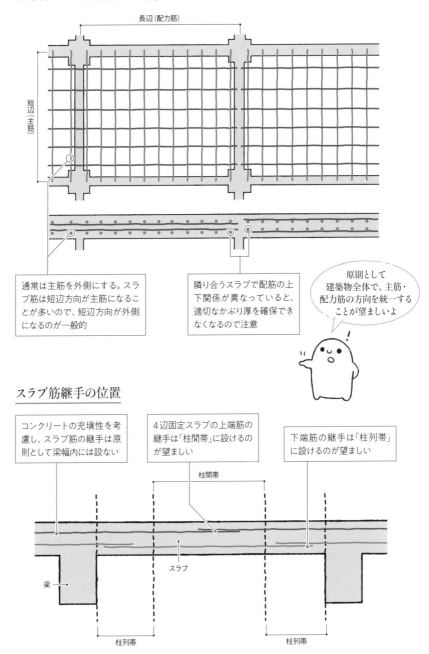

長辺（配力筋）

短辺（主筋）

通常は主筋を外側にする。スラブ筋は短辺方向が主筋になることが多いので、短辺方向が外側になるのが一般的

隣り合うスラブで配筋の上下関係が異なっていると、適切なかぶり厚を確保できなくなるので注意

原則として建築物全体で、主筋・配力筋の方向を統一することが望ましいよ

スラブ筋継手の位置

コンクリートの充填性を考慮し、スラブ筋の継手は原則として梁幅内には設けない

4辺固定スラブの上端筋の継手は「柱間帯」に設けるのが望ましい

下端筋の継手は「柱列帯」に設けるのが望ましい

柱間帯

スラブ

梁

柱列帯

柱列帯

場所に応じたスラブ定着のポイント

　スラブ筋を梁に定着させる方法は、梁とスラブの位置関係や梁筋の状態によって異なります。また、スラブに段差がある場合は、段差の高さによって通し配筋とするか、定着でつなぐかが変わります。微妙な違いですが、状況に応じて適切な定着方法を選択することが重要です。

スラブ筋の梁への定着

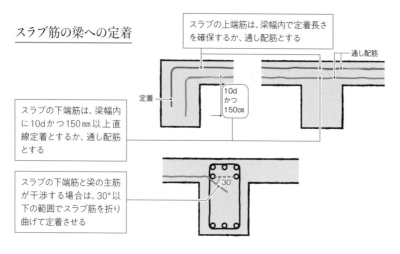

スラブの上端筋は、梁幅内で定着長さを確保するか、通し配筋とする

通し配筋

定着

10d
かつ
150cm

スラブの下端筋は、梁幅内に10dかつ150mm以上直線定着とするか、通し配筋とする

スラブの下端筋と梁の主筋が干渉する場合は、30°以下の範囲でスラブ筋を折り曲げて定着させる

30°

片持ちスラブの定着

片持ちスラブの主筋は、スラブの段差の有無によって梁やスラブへの定着方法が変わる

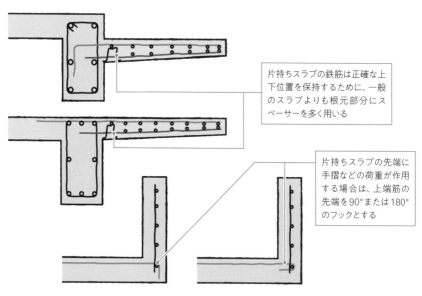

片持ちスラブの鉄筋は正確な上下位置を保持するために、一般のスラブよりも根元部分にスペーサーを多く用いる

片持ちスラブの先端に手摺などの荷重が作用する場合は、上端筋の先端を90°または180°のフックとする

スラブに段差がある場合の定着方法

段差の高さによって配筋方法が異なる

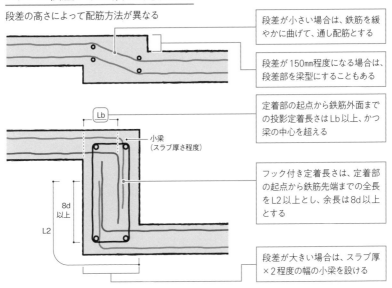

段差が小さい場合は、鉄筋を緩やかに曲げて、通し配筋とする

段差が150mm程度になる場合は、段差部を梁型にすることもある

定着部の起点から鉄筋外面までの投影定着長さはLb以上、かつ梁の中心を超える

小梁
（スラブ厚さ程度）

フック付き定着長さは、定着部の起点から鉄筋先端までの全長をL2以上とし、余長は8d以上とする

段差が大きい場合は、スラブ厚×2程度の幅の小梁を設ける

スラブ開口の補強筋

開口の最大径に応じて鉄筋の補強方法が決められているが、スラブの形状や開口部の位置により応力が異なるので、構造計算で安全性を確認しながら検討すること

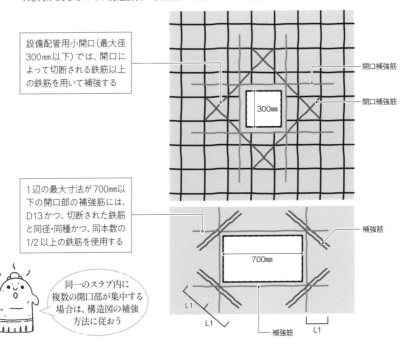

設備配管用小開口（最大径300mm以下）では、開口によって切断される鉄筋以上の鉄筋を用いて補強する

開口補強筋

開口補強筋

1辺の最大寸法が700mm以下の開口部の補強筋には、D13かつ、切断された鉄筋と同径・同種かつ、同本数の1/2以上の鉄筋を使用する

補強筋

補強筋

同一のスラブ内に複数の開口部が集中する場合は、構造図の補強方法に従おう

片持ち階段の基本的な配筋

階段の構造形式にはさまざまなものがあり、主筋の配置や方向も異なります。階段はRC造の中でも最も鉄筋の施工に手間がかかる部位なので、PCa階段や鉄骨階段を採用して、効率化・簡略化を図るケースも少なくありません。ここでは片持ち階段の基本的な配筋について解説します。

斜めのスラブをベースに考える

階段の基本的な配筋の構成は、斜めのスラブに「いなづま筋」が組み込まれたものと考えればよい。片持ち階段を受ける壁には、曲げモーメントが作用するので、縦筋補強や受け筋を入れて補強する必要がある

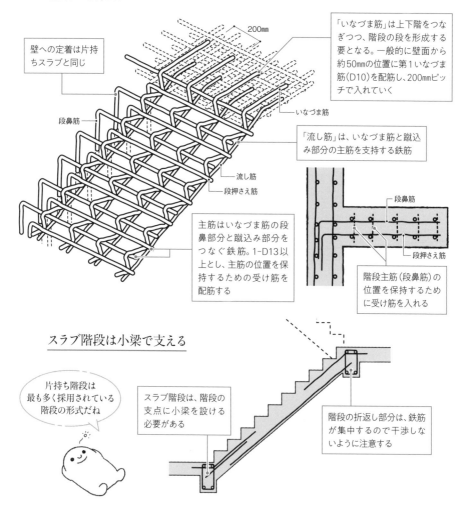

200mm

壁への定着は片持ちスラブと同じ

段鼻筋

いなづま筋

流し筋

段押さえ筋

「いなづま筋」は上下階をつなぎつつ、階段の段を形成する要となる。一般的に壁面から約50mmの位置に第1いなづま筋(D10)を配筋し、200mmピッチで入れていく

「流し筋」は、いなづま筋と蹴込み部分の主筋を支持する鉄筋

段鼻筋

段押さえ筋

階段主筋(段鼻筋)の位置を保持するために受け筋を入れる

主筋はいなづま筋の段鼻部分と蹴込み部分をつなぐ鉄筋。1-D13以上とし、主筋の位置を保持するための受け筋を配筋する

スラブ階段は小梁で支える

片持ち階段は最も多く採用されている階段の形式だね

スラブ階段は、階段の支点に小梁を設ける必要がある

階段の折返し部分は、鉄筋が集中するので干渉しないように注意する

階段やバルコニーの手摺

階段やバルコニーの手摺の固定方法は主に2通りあります。金属製の手摺を採用する場合は、手摺を固定するためのプレートを躯体に打ち込みます。躯体と一体化したコンクリート製の手摺は、打継ぎや定着などに注意しましょう。またコンクリート手摺は重いので、片持ち階段の場合はクリープ現象[95頁参照]にも注意が必要です。

コンクリートの手摺の配筋

手摺の足元はコンクリートの噴出し部となるので、打継ぎのタイミングに注意する

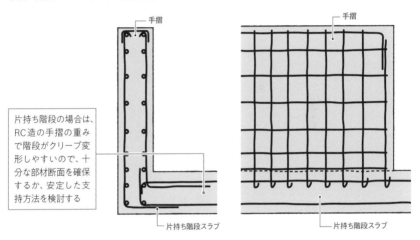

手摺

片持ち階段の場合は、RC造の手摺の重みで階段がクリープ変形しやすいので、十分な部材断面を確保するか、安定した支持方法を検討する

片持ち階段スラブ

手摺

片持ち階段スラブ

金属製手摺の固定プレート

手摺の固定アングルが配置される位置には、スタイロフォームなどを入れてコンクリートを打ち込む。硬化後、それを除去してプレートを取り付ける

プレートを入れる部分はかぶり厚が不足しやすい。かぶり厚が不足すると金属の熱膨張によって、埋込み部がひび割れる可能性がある

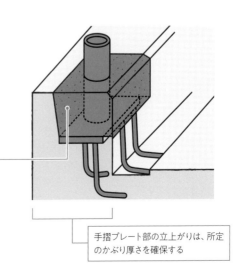

手摺プレート部の立上がりは、所定のかぶり厚さを確保する

配筋検査は打込み前の最重要ステップ

コンクリートが打ち込まれると、躯体内の配筋などを目視で確認できなくなります。躯体工事中にタイミングよく検査できるように、鉄筋工事の開始前に設計監理者と鉄筋工事協力会社を交えて、検査のタイミング・項目・方法などを合意しておきましょう。協力会社や建設会社の自主検査・工事監理者の検査・行政機関の検査と、すべて検査に合格してからコンクリートを打ち込むことになります。

鉄筋受入検査

鉄筋材受入検査は、鉄筋の種類ごとに長さ・径などを納品書と照合する。また鋼材検査証明書（ミルシート）の内容確認も重要

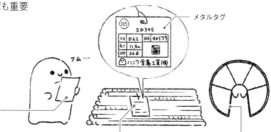

メタルタグ

「ミルシート」とは、鉄筋や鋼材などの品質証明に使用される書類で納入時にメーカーから発行される。ロットごとに、実際の部材の化学組成などの値が記載されている

鉄筋材はまず鉄筋加工場に搬入されることが多いので、納品書やメタルタグは受入検査に間に合うように加工場から回収しておく

スペーサー・結束線・機械式継手など副資材も、各メーカーが発行している資料をもとに検査する

鉄筋加工・組立ての品質管理・検査

鉄筋組立検査は、組立てが完了した箇所から順次実施していく。手直しや再組立て時間の手間を念頭におき、可能な限り頻繁に実施する。あらかじめチェックシートを作成しておくとよい

鉄筋の検査項目例

主筋	帯筋	そのほか
・鉄筋の種類	・かぶり厚さ	・継手の位置
・鉄筋径	・鉄筋の種類	・継手の形状
・鉄筋の本数	・鉄筋径	・サポートやスペー
・鉄筋のあき	・鉄筋の本数	サーの設置状況
・2段筋の有無	・鉄筋のあき	・清掃状況
・定着状況の確認	・形状	

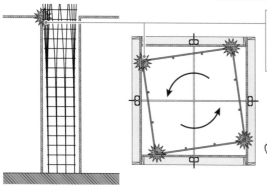

柱や梁はせん断補強筋の影響で主筋がねじれたり、曲がったりしやすい。ずれている場合は鉄筋サポート・スペーサー・テンプレートなどで修正する

チェックシートはその都度作成するのではなく標準のシートに各現場特有の検査項目を追加して使用するといいよ

継手検査（ガス圧接）

ガス圧接部の検査は、目視かノギスなどの専用工具を用いて検査する。目視で検査する場合は、不具合の例を写真などで具体的に確認する

工事監理者配筋検査

一定の頻度で工事監理者の立会いのもと検査を行う。この検査の時点で致命的な配筋の不具合を指摘されないように、前もって自主検査をしておくことが大切

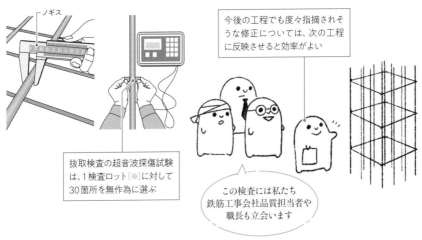

ノギス

今後の工程でも度々指摘されそうな修正については、次の工程に反映させると効率がよい

抜取検査の超音波探傷試験は、1検査ロット[※]に対して30箇所を無作為に選ぶ

この検査には私たち鉄筋工事会社品質担当者や職長も立会います

かぶり厚が不足しやすい箇所

かぶり厚さは特に重要。打込みの衝撃で鉄筋やスペーサーの位置がずれないように、しっかりと支持・結束されているか入念に確認する

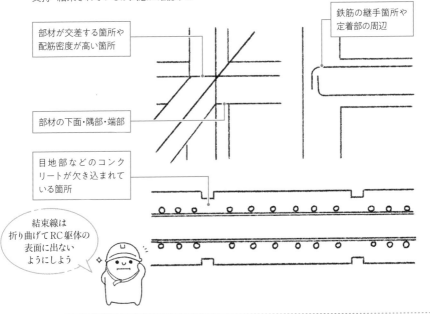

鉄筋の継手箇所や定着部の周辺

部材が交差する箇所や配筋密度が高い箇所

部材の下面・隅部・端部

目地部などのコンクリートが欠き込まれている箇所

結束線は折り曲げてRC躯体の表面に出ないようにしよう

※ ロット数は1つの作業班が1日に施工した場所の数のこと

配筋写真は観やすく撮って、きちんと整理する

配筋検査の際は、検査に使用した書類とともに、検査を適切に行った証として写真を残す必要があります。最近はデジタルカメラやスマートフォンの写真機能が向上しているので、これらを活用して日々の写真管理を丁寧に行うことが肝要です。コンクリートを打ち終えてから行うことのないように、定期的に行いましょう。

撮影のポイント

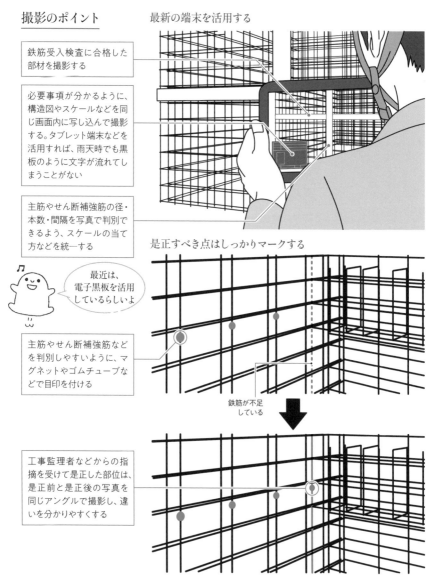

最新の端末を活用する

鉄筋受入検査に合格した部材を撮影する

必要事項が分かるように、構造図やスケールなどを同じ画面内に写し込んで撮影する。タブレット端末などを活用すれば、雨天時でも黒板のように文字が流れてしまうことがない

主筋やせん断補強筋の径・本数・間隔を写真で判別できるよう、スケールの当て方などを統一する

是正すべき点はしっかりマークする

最近は、電子黒板を活用しているらしいよ

主筋やせん断補強筋などを判別しやすいように、マグネットやゴムチューブなどで目印を付ける

鉄筋が不足している

工事監理者などからの指摘を受けて是正した部位は、是正前と是正後の写真を同じアングルで撮影し、違いを分かりやすくする

撮影のルール決め

写真に収めるものの範囲やスケールの当て方などの「撮影のルール」をあらかじめ共有しておけば、鉄筋工事担当者が不在でもほかの担当者が同じような配筋写真を撮影できる

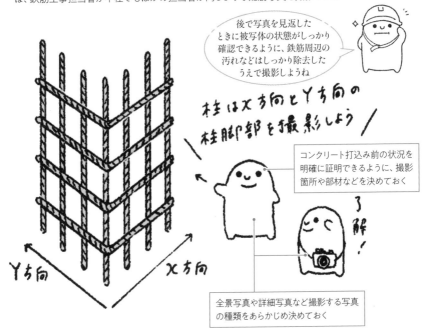

後で写真を見返したときに被写体の状態がしっかり確認できるように、鉄筋周辺の汚れなどはしっかり除去したうえで撮影しようね

柱はX方向とY方向の柱脚部を撮影しよう

コンクリート打込み前の状況を明確に証明できるように、撮影箇所や部材などを決めておく

了解！

全景写真や詳細写真など撮影する写真の種類をあらかじめ決めておく

Y方向　X方向

資料整理

配筋工事写真は配筋検査チェックシートと対応させて整理すると、工事監理者への報告資料としてまとめやすい

構造伏図は撮影部材と撮影場所の位置関係を記載するとさらに分かりやすくなるよ

見やすいように2つをまとめよう！

配筋検査チェックシート　配筋工事写真

写真整理のアウトソーシング

配筋写真の電子黒板のデータづくり・撮影・整理・帳票付けまでを行う配筋写真撮影専門の会社に依頼するケースも出てきている。写真整理を海外で行い、時差を利用して翌日写真を確認できるようにするなどの工夫もされている

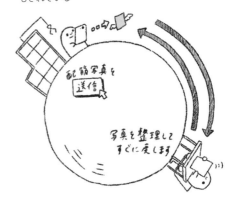

配筋写真を送信

写真を整理してすぐに戻します

鉄筋先組工法で工事を合理化！

鉄筋工事は、大量の鉄筋材を1本1本すべて手作業で、所定の位置に決められた間隔と本数で組み立てなければなりません。そのため組立て作業には多くの手間と工期を要します。とりわけ作業環境が高所になるほど、鉄筋の揚重などに時間がかかり、作業効率や安全性も低下します。そのため近年では、鉄筋先組工法を採用し鉄筋工事の効率化を図る工夫がなされています。

鉄筋先組（地組）工法とは？

一般的な鉄筋先組工法は、現場や工場などの安定した場所であらかじめ配筋作業を行い、完成した鉄筋ユニットを現場に搬入する工法である。現場では鉄筋ユニットを取り付けるだけなので、作業の効率化・施工精度の向上・安全性の確保・工期短縮・管理や検査の容易化などを期待できる

現場でユニットどうしを正確に継げるように、テンプレートなどで主筋位置を確保する

鉄筋ユニットはクレーンで揚重して、所定の位置に吊込めば取付けが完了する

クレーンで揚重するときに、鉄筋ユニットが変形しないよう形状を保持する段取り筋を設けることもある

ユニットの組立て作業は工場や現場の地上部で行うから配筋作業ができない期間でも作業を進められるね

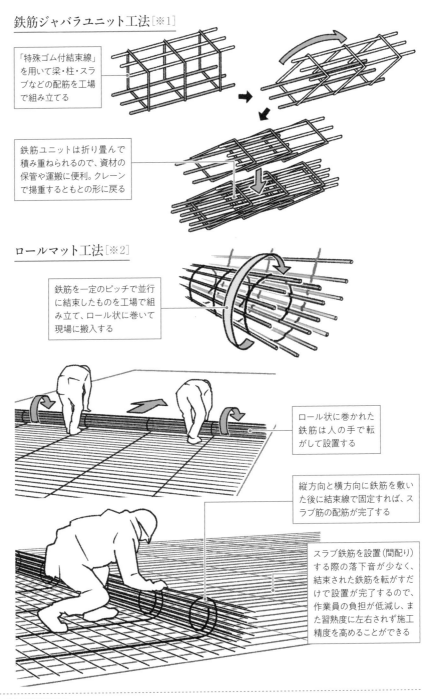

鉄筋ジャバラユニット工法[※1]

「特殊ゴム付結束線」を用いて梁・柱・スラブなどの配筋を工場で組み立てる

鉄筋ユニットは折り畳んで積み重ねられるので、資材の保管や運搬に便利。クレーンで揚重するともとの形に戻る

ロールマット工法[※2]

鉄筋を一定のピッチで並行に結束したものを工場で組み立て、ロール状に巻いて現場に搬入する

ロール状に巻かれた鉄筋は人の手で転がして設置する

縦方向と横方向に鉄筋を敷いた後に結束線で固定すれば、スラブ筋の配筋が完了する

スラブ鉄筋を設置(間配り)する際の落下音が少なく、結束された鉄筋を転がすだけで設置が完了するので、作業員の負担が低減し、また習熟度に左右されず施工精度を高めることができる

※1 ⓇŌ有限会社柳井通商
※2 Ⓡ株式会社ロールマットジャパン

型枠の基本的な構成と工事計画のポイント

「型枠」はコンクリートを流し込むための鋳型です。鋳型を駆使した建造物の歴史は古く、代表的なものとしては奈良県・東大寺の大仏が挙げられます。当時は溶けた銅を流し込む巨大な粘土の鋳型を大量の木材で支えていました。現代のRC造の型枠においても、主に「せき板」[142頁参照]として木材は重要な役割を果たしています。かつて「仮枠」と呼ばれていた型枠は、工事が完了するとなくなってしまう仮設物ですが、RC造の品質を直接左右する重要な要素です。

型枠は工期・コスト最優先

型枠はあくまで仮設物なので、工法はコスト最優先で決定される。資材の転用回数・工区分けによる工程の平準化・型枠がパンクしてコンクリートが流失しないような安全性などに配慮して効率よい工事計画を立てる必要がある

躯体工事費は建築費全体の約20〜25%を占めるよ。そして型枠工事費は躯体工事費の30%程度になるよ

メモ メモ…

足場計画

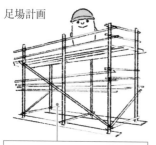

高所での作業が多くなるため安全性への配慮が欠かせない。外部足場・内部足場・高所作業車・脚立・可搬式作業台などについて検討する

揚重計画

型枠材料などの資材を揚重する方法について検討する

オーライ!

工区分け

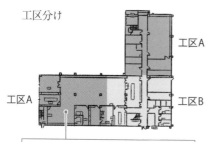

工区A

工区A   工区B

建築物の規模が大きい場合は、工区を複数に分割して作業を進めることで、労務平準化や資材転用の効率化を図れる

工法選定

捨て型枠

打込み型枠

転用型枠

どうかな〜

コンクリート打込み計画・躯体工事工程・揚重計画・総合仮設計画・協力会社の対応能力など諸条件を確認したうえで、種々の型枠工法から最適な組合せを選定する

型枠の役割と基本構成

型枠の基本的な役割は、①「正規の部材位置や断面寸法を確保して未硬化のコンクリートが漏出しないよう安全に保持する機能」と②「コンクリートが硬化して十分な強度が発現されるまで衝撃・外力・乾燥などから保護する機能」の2点である。型枠は主にせき板・支保工・締付金物で構成される

コンクリートに直接接するせき板は、①と②の機能はもちろん表面に木目調テクスチャを転写する[152頁参照]などの意匠的な機能もある

せき板は繰り返し使用することで経済性が高まる。型枠取外し[181頁参照]の際に剥離しやすいよう、表面が塗装されたせき板を用いる

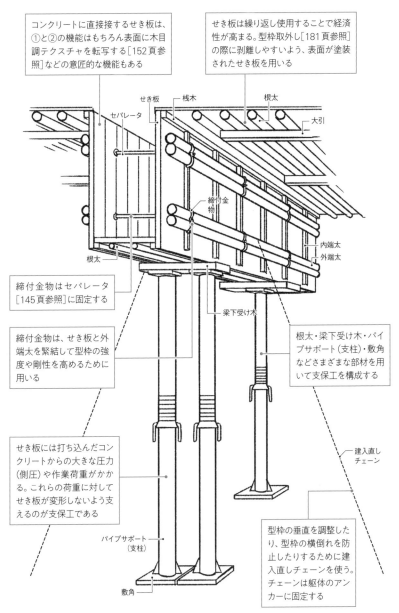

締付金物はセパレータ[145頁参照]に固定する

締付金物は、せき板と外端太を緊結して型枠の強度や剛性を高めるために用いる

せき板には打ち込んだコンクリートからの大きな圧力(側圧)や作業荷重がかかる。これらの荷重に対してせき板が変形しないよう支えるのが支保工である

根太・梁下受け木・パイプサポート(支柱)・敷角などさまざまな部材を用いて支保工を構成する

型枠の垂直を調整したり、型枠の横倒れを防止したりするために建入直しチェーンを使う。チェーンは躯体のアンカーに固定する

せき板 桟木 根太 セパレータ 大引 締付金物 内端太 外端太 根太 梁下受け木 パイプサポート(支柱) 敷角 建入直しチェーン

さまざまなせき板と型枠工法

型枠を形成する板を「せき板」と呼びます。ひと昔前は、隙間なく並べたスギやマツのバラ板を桟木に釘で打ち付けてせき板をつくっていました。現在は、合板[※1]がせき板の最も一般的な材料となっています。合板は方向性や伸縮性が少なく、軽くて耐久性にも優れています。大きさは600×1,800㎜(2×6尺：ニロク)と900×1,800㎜(3×6尺：サブロク)で、厚さは12㎜のものが標準です。

合板

型枠に使用される合板の品質基準は、農林水産省告示1/51号の合板の日本農林規格に「コンクリート型枠用合板」として定められている。すべての項目の規定に合格したものにはJASマークが押印される

合板は直射日光や雨に曝されると、内部の糖分やタンニンが表出する。これはコンクリートの硬化不良につながるので、保管する際はシートをかぶせてしっかり保護すること

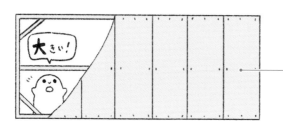

大きな面には、複数の合板を桟木やアングルで組み合わせた「大判パネル」を使用する

転用回数を増やすために、コンクリートから剥がしやすくなる合成樹脂を表面に塗布した合板もある。「表面加工コンクリート型枠用合板(パネコート、オーバーレイ合板)」という

※1 ラワン材を薄く剥いだベニヤを繊維方向が直行するように重ね合わせたもの

合板以外のせき板

合板のほかに、金属（鋼製・アルミ製）型枠・プラスチック型枠・FRP型枠・ラス型枠・紙製型枠［159頁参照］などさまざまなせき板がある

紙型枠

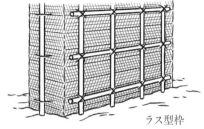

ラス型枠

施工性を高める型枠

打込み型枠・スラブ用デッキプレート（フラットデッキ）・ラス型枠・断熱型枠・プレキャスト（PCa）型枠などのように、コンクリート打込み後に取り外さず型枠をそのままにしておくことで、作業の効率化と工期の短縮を図る工法もある

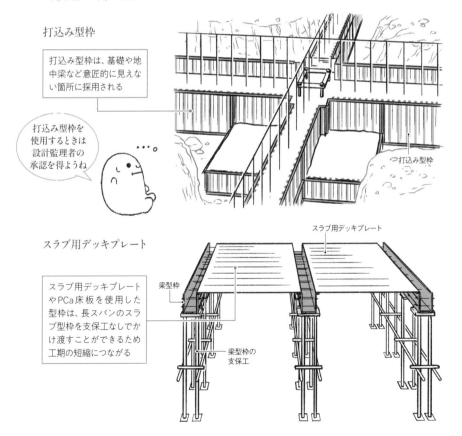

打込み型枠

打込み型枠は、基礎や地中梁など意匠的に見えない箇所に採用される

打込み型枠を使用するときは設計監理者の承認を得ようね

打込み型枠

スラブ用デッキプレート

スラブ用デッキプレート

スラブ用デッキプレートやPCa床板を使用した型枠は、長スパンのスラブ型枠を支保工なしでかけ渡すことができるため工期の短縮につながる

梁型枠

梁型枠の支保工

せき板を固定する部材と金物

平滑な躯体を施工するためには、せき板がコンクリート打込み時の圧力（鉛直荷重や側圧）で変形しないように、締付け部材を用いて固定する必要があります。せき板の固定には、主に端太と呼ばれる木材や鋼製のパイプ（丸・角）や専用金物のほか、セパレータ・Pコーン・フォームタイなどの締付金物を使います。

端太によるせき板の固定

側型枠の組み方

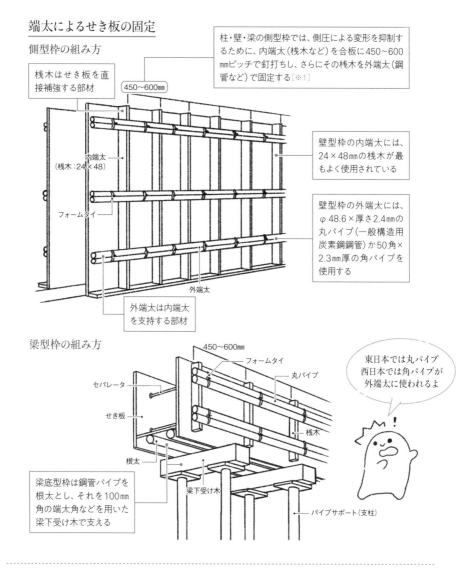

柱・壁・梁の側型枠では、側圧による変形を抑制するために、内端太（桟木など）を合板に450～600mmピッチで釘打ちし、さらにその桟木を外端太（鋼管など）で固定する［※1］

桟木はせき板を直接補強する部材

450～600mm

内端太
（桟木：24×48）

フォームタイ

外端太

外端太は内端太を支持する部材

壁型枠の内端太には、24×48mmの桟木が最もよく使用されている

壁型枠の外端太には、φ48.6×厚さ2.4mmの丸パイプ（一般構造用炭素鋼鋼管）か50角×2.3mm厚の角パイプを使用する

梁型枠の組み方

450～600mm

フォームタイ

丸パイプ

セパレータ

せき板

桟木

根太

梁下受け木

パイプサポート（支柱）

梁底型枠は鋼管パイプを根太とし、それを100mm角の端太角などを用いた梁下受け木で支える

東日本では丸パイプ西日本では角パイプが外端太に使われるよ

締付金物でせき板を固定

セパレータの使い方

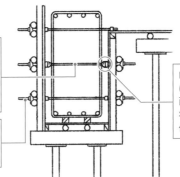

セパレータは、せき板を一定の幅で保持するための金属製の棒。冷間引抜き加工で製造されているので、一般的な鋼材に比べて引張強度が非常に高く、伸びにくい

焼入れをしたセパレータ[※2]に取り付けたPコーンとフォームタイでせき板を挟んで固定する

Pコーンの形状はコンクリート面の仕上がり状況によって使い分ける

セパレータの種類

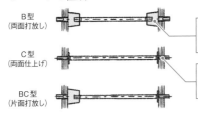

B型
（両面打放し）

C型
（両面仕上げ）

BC型
（片面打放し）

B型（両面打放し用）のPコーンは型枠取外し後に撤去され、跡の窪みはモルタルなどで埋められる

C型（両面仕上用）のPコーンは撤去後に先端のねじ部分を叩き落とし、錆止め塗装を塗るだけ

地下外壁の金具

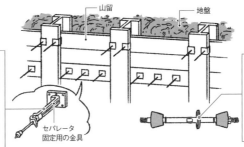

山留　　　地盤

地下階の外周柱や壁の型枠では、山留壁にセパレータを溶接するためのアングルやセパレータをねじ留めするための専用金具を利用する

セパレータ
固定用の金具

地下階ではセパレータから地下水が浸入しないようにセパレータに止水ゴムを入れることもある

独立柱にはコラムクランプを使う

独立柱の型枠には、セパレータではなく「コラムクランプ」と呼ばれる鋼製の締付け材を使用することがある。剛性の高い鋼材を使って柱の4辺を固定するので、角部の型枠の開き防止に有効

チャンネルピン

コラムクランプは、チャンネルピンによって微細な寸法調整が可能

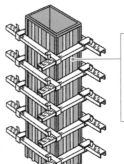

大断面の独立柱では、コラムクランプとせき板を一体化させた大型ユニットを使用する

※2 焼入れを行うことでセパレータの強度を高める

パイプサポートによる型枠の支保工

スラブや梁下のせき板を支える支保工には、仮設工業会認定のパイプサポート[※1]を用います。伸縮自在で最大伸長が3,500㎜程度、最小短長は320㎜程度です。3,500㎜を超える長さが必要な場合は、2本継ぎの範囲内で補助サポートを足して延長するか、足場用建枠などを応用した鋼管枠組支柱を使用するのが一般的です。

パイプサポートによる支持方法

水平つなぎの使い方

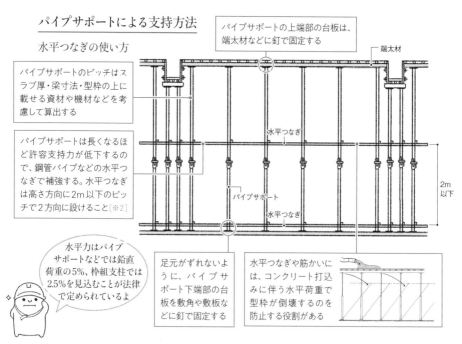

パイプサポートの上端部の台板は、端太材などに釘で固定する

端太材

パイプサポートのピッチは、スラブ厚・梁寸法・型枠の上に載せる資材や機材などを考慮して算出する

パイプサポートは長くなるほど許容支持力が低下するので、鋼管パイプなどの水平つなぎで補強する。水平つなぎは高さ方向に2m以下のピッチで2方向に設けること[※2]

水平つなぎ

パイプサポート

水平つなぎ

2m以下

水平力はパイプサポートなどでは鉛直荷重の5%、枠組支柱では2.5%を見込むことが法律で定められているよ

足元がずれないように、パイプサポート下端部の台板を敷角や敷板などに釘で固定する

水平つなぎや筋かいには、コンクリート打込みに伴う水平荷重で型枠が倒壊するのを防止する役割がある

支保梁式支保工を使用する場合

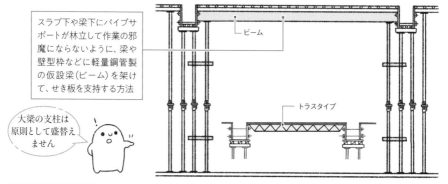

スラブ下や梁下にパイプサポートが林立して作業の邪魔にならないように、梁や壁型枠などに軽量鋼管製の仮設梁（ビーム）を架けて、せき板を支持する方法

ビーム

トラスタイプ

大梁の支柱は原則として盛替えません

※1 STK490鋼管とSTK400鋼管
※2 労働安全規則第242条第6号イに規定されている

せき板を斜めに受ける方法

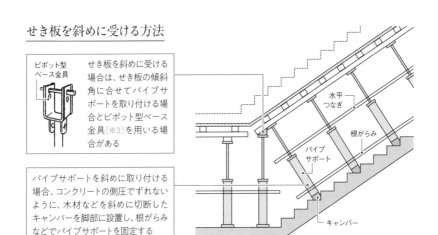

ピボット型
ベース金具

せき板を斜めに受ける場合は、せき板の傾斜角に合せてパイプサポートを取り付ける場合とピボット型ベース金具[※3]を用いる場合がある

パイプサポートを斜めに取り付ける場合、コンクリートの側圧でずれないように、木材などを斜めに切断したキャンバーを脚部に設置し、根がらみなどでパイプサポートを固定する

水平
つなぎ

根がらみ

パイプ
サポート

キャンバー

鋼管枠組支柱

躯体の階高が高い場合には、鋼管の型枠足場を多層に組んで支保工として使用する。パイプサポートを用いた支保工よりも、組立て・解体が容易で高い支持力と水平剛性を得られる

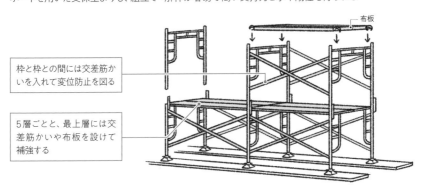

枠と枠との間には交差筋かいを入れて変位防止を図る

5層ごとと、最上層には交差筋かいや布板を設けて補強する

布板

パーマネント工法で効率化する方法

一部のサポートを残したまま、過半のせき板を早期に取り外し、直上階に荷揚げ・転用する工法を「パーマネント工法」と呼ぶ。この工法を活用すれば、型枠資材の運搬費などを節減できる

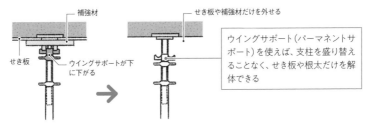

補強材

せき板

ウイングサポートが下に下がる

せき板や補強材だけを外せる

ウイングサポート(パーマネントサポート)を使えば、支柱を盛り替えることなく、せき板や根太だけを解体できる

柱型枠は隅部と脚部の精度が要

柱や壁などの鉛直部材は、梁やスラブよりも先行して型枠が組まれるので、躯体精度を確保するうえでとても重要な基準となります。きっちり正確な型枠を組んでいきましょう。なお鉛直部材の精度は、配筋の精度にも大きく左右されます。型枠を建て込む前は鉄筋の正しい位置を確認しておくことも欠かせません。

柱型枠のチェックポイント

鉛直部材のなかでも柱隅部の型枠の垂直精度は、型枠全体の精度に影響する。この部分は垂直度とねじれの有無を確認しながら、全体をバランスよく締め付けて精度を確保しておかなければならない

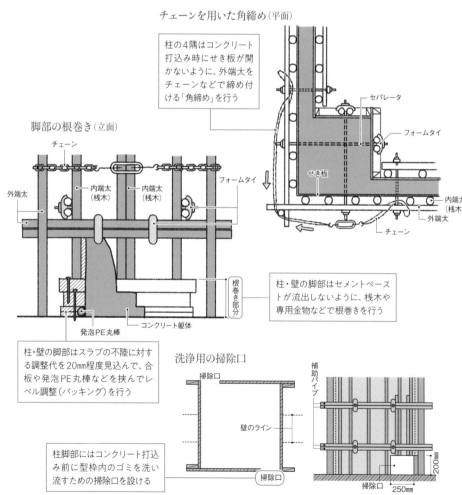

チェーンを用いた角締め（平面）

柱の4隅はコンクリート打込み時にせき板が開かないように、外端太をチェーンなどで締め付ける「角締め」を行う

セパレータ

フォームタイ

せき板

内端太（桟木）

外端太

チェーン

脚部の根巻き（立面）

チェーン

外端太

内端太（桟木）

内端太（桟木）

フォームタイ

根巻き部分

コンクリート躯体

発泡PE丸棒

柱・壁の脚部はセメントペーストが流出しないように、桟木や専用金物などで根巻きを行う

柱・壁の脚部はスラブの不陸に対する調整代を20mm程度見込んで、合板や発泡PE丸棒などを挟んでレベル調整（パッキング）を行う

洗浄用の掃除口

掃除口

壁のライン

掃除口

補助パイプ

掃除口

250mm

200mm

柱脚部にはコンクリート打込み前に型枠内のゴミを洗い流すための掃除口を設ける

壁型枠は効率のよい順で組み立てる

壁型枠は広い面積を効率よく組み立てられるように、効率のよい手順で進める必要があります。特に外壁においては、目地材や開口部型枠の取付けといった精度が求められる作業工程を、外部足場ではなく建物内の安定した場所で行えるようにしましょう。

壁型枠のチェックポイント

壁の型枠は、作業安全性や施工精度の観点から、一般的には外壁から組み立てる。内壁から型枠を建て込んでしまうと、配筋や壁の返し型枠［※］の建込みが外部足場での作業となるため作業効率や安全性が悪くなる

外壁の外側パネルのポイント

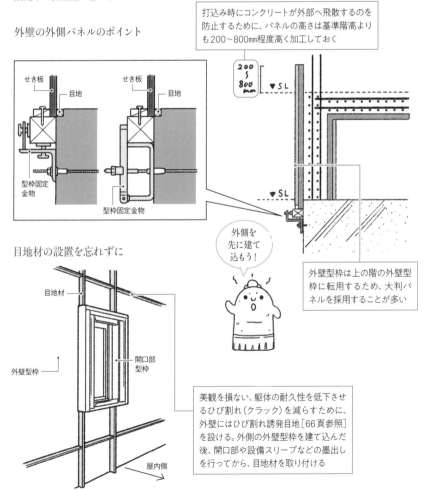

打込み時にコンクリートが外部へ飛散するのを防止するために、パネルの高さは基準階高よりも200〜800mm程度高く加工しておく

せき板
目地
せき板
目地
型枠固定金物
型枠固定金物

▼S.L
200〜800mm
▼S.L

外壁型枠は上の階の外壁型枠に転用するため、大判パネルを採用することが多い

外側を先に建て込もう！

目地材の設置を忘れずに

目地材
外壁型枠
開口部型枠
屋内側

美観を損ない、躯体の耐久性を低下させるひび割れ（クラック）を減らすために、外壁にはひび割れ誘発目地［66頁参照］を設ける。外側の外壁型枠を建て込んだ後、開口部や設備スリーブなどの墨出しを行ってから、目地材を取り付ける

※ 先に建て込まれた型枠の反対側に建て込まれる型枠のこと

梁とスラブを組み上げて型枠工事完了

梁の型枠は「梁底」(梁の下端)と「梁側」(梁の側面)を加工場で下ごしらえして、現場で組み立てます。スラブの型枠は梁と壁の型枠を建て込んだ後に、所定の位置にパイプサポート・大引・根太を配して、これらが倒れないように固定してからせき板を敷き込みます。この間は型枠全体が非常に不安定になり、高所作業となるので安全性に配慮した管理が重要です。

梁型枠を建て込むときは変形に注意

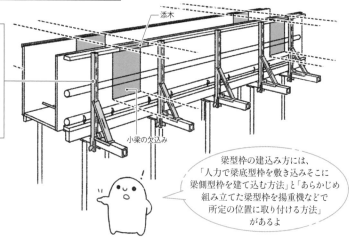

梁型枠は細長く、小梁の欠込みがあるなど不安定な形状をしているので、取り付ける際に変形しやすい。型枠の設置完了後は添木などで変形防止措置をとる

添木

小梁の欠込み

梁型枠の建込み方には、「人力で梁底型枠を敷き込みそこに梁側型枠を建て込む方法」と「あらかじめ組み立てた梁型枠を揚重機などで所定の位置に取り付ける方法」があるよ

ポストテンション方式の梁型枠の組立て

梁せいが1mを超える場合やポストテンション方式の梁(PC梁)[※1]では、梁筋が落とし込みづらかったり、PC鋼線の結束作業がしづらくなったりする。この場合は片側のみを組み立てた梁型枠で配筋作業を行い、鉄筋の接合や結束作業が完了した後に、残りの梁型枠を組み立てる

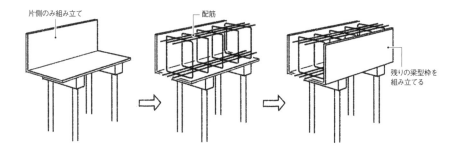

片側のみ組み立て

配筋

残りの梁型枠を組み立てる

※1 プレストレストコンクリートともいう。鉄筋に引張力を加えた状態でコンクリートを打ち込むことにより、曲げモーメントに対する躯体の耐力を高める工法

スラブ型枠の敷込み

スラブ型枠は、支保工を組み立てた後に敷き込んでいく。スラブ型枠を敷き込むと下階は暗くなってしまうので、仮設照明を設けるか、スラブ型枠材の一部にアクリル製の透光型枠を使用して光を確保する工夫がなされている

スラブ型枠の割付け

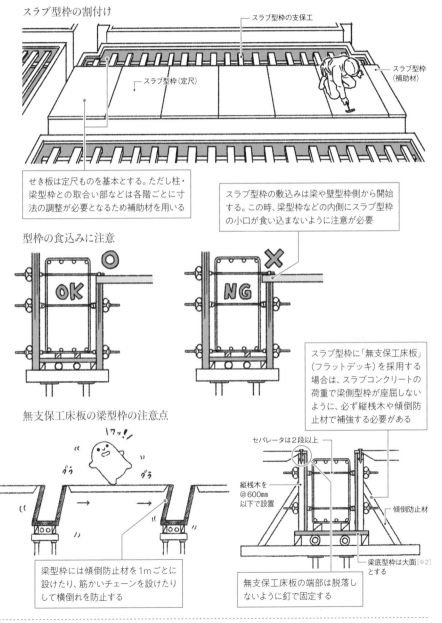

スラブ型枠の支保工

スラブ型枠(補助材)

スラブ型枠(定尺)

せき板は定尺ものを基本とする。ただし柱・梁型枠との取合い部などは各階ごとに寸法の調整が必要となるため補助材を用いる

スラブ型枠の敷込みは梁や壁型枠側から開始する。この時、梁型枠などの内側にスラブ型枠の小口が食い込まないように注意が必要

型枠の食込みに注意

OK

NG

スラブ型枠に「無支保工床板」(フラットデッキ)を採用する場合は、スラブコンクリートの荷重で梁側型枠が座屈しないように、必ず縦桟木や傾倒防止材で補強する必要がある

無支保工床板の梁型枠の注意点

ワァ!!

グラ グラ

梁型枠には傾倒防止材を1mごとに設けたり、筋かいチェーンを設けたりして横倒れを防止する

セパレータは2段以上

縦桟木を@600mm以下で設置

傾倒防止材

梁底型枠は大面[※2]とする

無支保工床板の端部は脱落しないように釘で固定する

※2 せき板を所定の寸法よりも大きくした面。梁底を大面にして、小面の梁側面型枠に被せることで、コンクリートの流出を防ぐ

化粧打放し型枠で独特の風合いを出す

塗装や左官、あるいはそのほかの材料による仕上げを施さず、型枠取外し後のRC躯体をそのまま仕上げとする工法を「打放し」と言います。打放しには、パネコートなど平滑な型枠を用いて滑らかな仕上げ面をつくるものだけでなく、木目調の風合いをコンクリート面に転写する「本実スギ板打放し仕上げ」などの工法も用いられます。非常に難しい工法の1つなので、現場では試験施工を行って材料・施工法・仕上がりの状態を事前に確認しておくことが大切です。

スギ板の下処理が仕上がりを左右する

「本実スギ板打放し」の本実とは、板の木口に彫られた凸形の突起（実）と凹形の溝（小穴）を継ぎ合わせる木の接合法である［※1］。「本実スギ板打放し仕上げ」はせき板の幅が狭いので、Pコーンの割付や桟木の補強間隔を含めた「パネル割図」を事前に作成し、設計監理者の承認を得る必要がある

表面塗装をしっかりやる

せき板には浮造り加工（木目の凹凸が浮き出るような加工）を施したスギ板を用いる

浮造り加工には板の表面を焼き、炭化して柔らかくなった部分を磨いて表面を凹凸にする方法などがあるよ

スギ板に含まれる糖分によるコンクリートの硬化不良を防ぐため、型枠表面に灰汁［※2］・石灰水・セメントペーストなどのアルカリ系水溶液を塗布する

出目地用の欠込み

目地の意匠にも気を配る

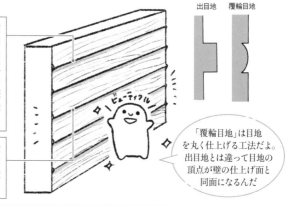

目地も打放し面の意匠を左右する重要な要素である。「出目地」や「覆輪目地」などさまざまな目地処理の方法がある。施工に際しては、型枠組立時はもちろん、型枠取外しや養生の際に目地を傷つけないように注意が必要

「出目地」は、せき板の目地を仕上げ面よりも高くする工法のこと。△形や角型など目地の形状で印象が変わる

出目地　覆輪目地

「覆輪目地」は目地を丸く仕上げる工法だよ。出目地とは違って目地の頂点が壁の仕上げ面と同面になるんだ

※1 一般的に継手長さは板厚1/3程度
※2 灰汁は藁灰や木灰を水に浸した上澄み水。炭酸カルシウムを主成分としたアルカリ性の水で、スギ板のアクを抑制する

型枠の組立て

型枠の加工は、雨や直射日光が当たらない場所で行う。スギ板は、反りや幅の誤差があるので、パネルを加工する際、桟木をパネル端部から1mm程度逃がしてセットしておき、この逃げの分を含めて連結時に密着させる

配筋および
コンクリート打込み時は
スギ板の表面を傷つけない
ように慎重に施工しよう！
墨がコンクリートの仕上げ面
に写らないようにね

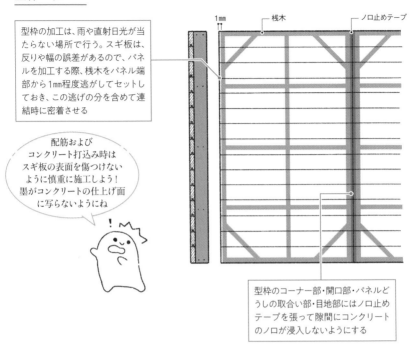

型枠のコーナー部・開口部・パネルどうしの取合い部・目地部にはノロ止めテープを張って隙間にコンクリートのノロが浸入しないようにする

美観を損ねないように取り外し、傷つかないように養生する

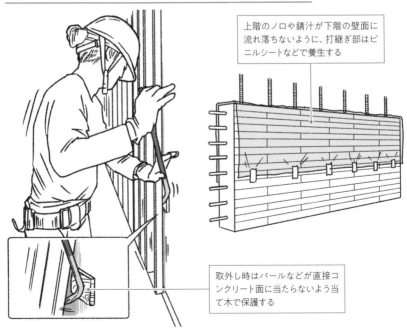

上階のノロや錆汁が下階の壁面に流れ落ちないように、打継ぎ部はビニルシートなどで養生する

取外し時はバールなどが直接コンクリート面に当たらないよう当て木で保護する

階段は型枠の加工と組立てが最も複雑

階段は、蹴上げや踏面などの有効寸法に制約が多く、形状も複雑なのでRC造のなかでも最も施工難易度の高いポイントです。特に階段型枠の施工は一番手間がかかるため、経験豊富な型枠大工さんが作業に当たります。

階段型枠の組立て順序

階段型枠の組立ては、周辺の柱・梁・壁の型枠の組立てが完了した後に着手する。各型枠は側壁→斜めスラブ→蹴込み板→固定用押さえ端太・段板押さえの順に釘留めで組み立てていく

側壁型枠の建込み

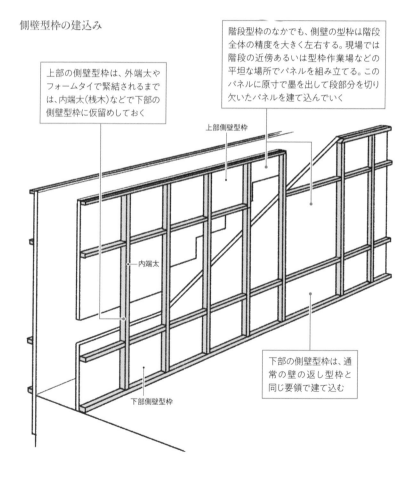

上部の側壁型枠は、外端太やフォームタイで緊結されるまでは、内端太(桟木)などで下部の側壁型枠に仮留めしておく

階段型枠のなかでも、側壁の型枠は階段全体の精度を大きく左右する。現場では階段の近傍あるいは型枠作業場などの平坦な場所でパネルを組み立てる。このパネルに原寸で墨を出して段部分を切り欠いたパネルを建て込んでいく

上部側壁型枠

内端太

下部の側壁型枠は、通常の壁の返し型枠と同じ要領で建て込む

下部側壁型枠

斜めスラブの建込み

支柱を「階段の斜めスラブ面に対して垂直に設ける場合」も、「床スラブ面に対して垂直に設ける場合」も、コンクリート打込み時の水平力に対する安全性や支柱の滑りには十分注意しよう［147頁参照］

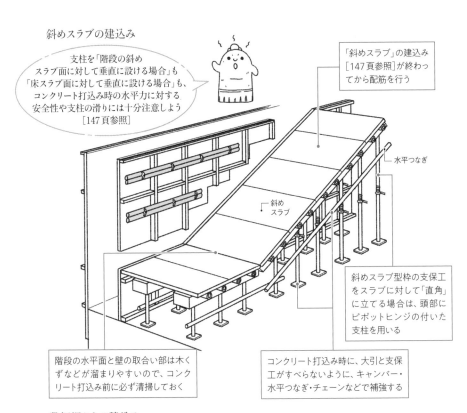

「斜めスラブ」の建込み［147頁参照］が終わってから配筋を行う

水平つなぎ

斜めスラブ

斜めスラブ型枠の支保工をスラブに対して「直角」に立てる場合は、頭部にピボットヒンジの付いた支柱を用いる

階段の水平面と壁の取合い部は木くずなどが溜まりやすいので、コンクリート打込み前に必ず清掃しておく

コンクリート打込み時に、大引と支保工がすべらないように、キャンバー・水平つなぎ・チェーンなどで補強する

段板押さえの建込み

段板押さえは、空気抜き孔を開けたものを取り付けるか、中央部を開放するのが一般的［※］

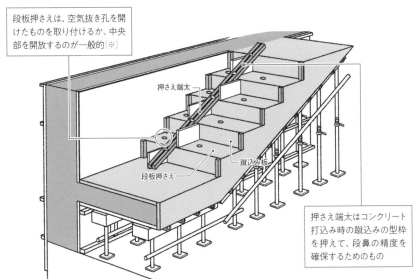

押さえ端太

段板押さえ

蹴込み板

押さえ端太はコンクリート打込み時の蹴込みの型枠を押えて、段鼻の精度を確保するためのもの

※ 踏面蓋を取り付けずに、一段ずつ時間をかけてコンクリートを打ち込む方法もある

開口部の施工精度は型枠で決まる

開口部の型枠工事では、開口の形状や寸法はもちろん打込み後に取り付けるサッシ枠・水切り・面台(膳板)などの施工精度もしっかり確保することが重要です。また、サッシを納めるために、躯体開口部にはさまざまな欠込みを入れる必要があります。そのため、開口型枠には欠込み加工をするための面木・目地棒・あんこなどの成形加工木材や詰物が取り付けられます。

小さな開口部は型枠が隠れる

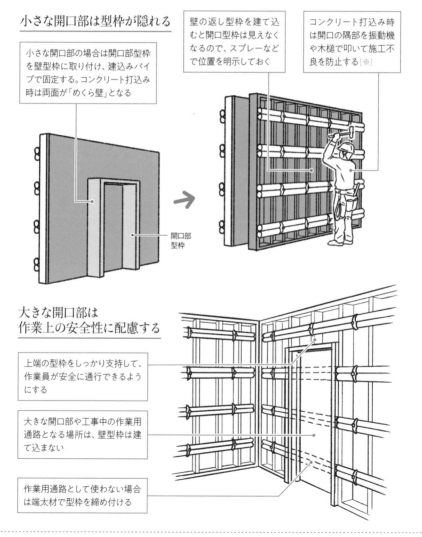

小さな開口部の場合は開口部型枠を壁型枠に取り付け、建込みパイプで固定する。コンクリート打込み時は両面が「めくら壁」となる

壁の返し型枠を建て込むと開口型枠は見えなくなるので、スプレーなどで位置を明示しておく

コンクリート打込み時は開口の隅部を振動機や木槌で叩いて施工不良を防止する[※]

開口部型枠

大きな開口部は作業上の安全性に配慮する

上端の型枠をしっかり支持して、作業員が安全に通行できるようにする

大きな開口部や工事中の作業用通路となる場所は、壁型枠は建て込まない

作業用通路として使わない場合は端太材で型枠を締め付ける

※ 雑壁の開口部型枠は、叩くと型枠の精度が悪くなるので注意

腰窓で注意すべき施工不良

腰窓のように立上り壁がある開口部は、コンクリートの施工不良が発生しやすい。充填性に配慮した型枠工事が必要である

開口部の大きさによって異なるが、下端の型枠は「空気孔を開けた板で蓋をする」か「両端にのみ型枠を設ける」のが一般的

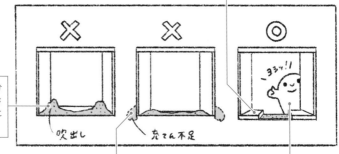

開口部の下端から余分なコンクリートが吹き出している。硬化後に斫り取る必要がある

コンクリートの充填不足により、端部に空洞ができている。コンクリートの後充填が必要

腰窓の場合は、コンクリート打込み中に下端の吹出し状況を確認する必要があるので、小さな開口でも「めくら壁」にはしない

サッシが取り付く場所の躯体のディテール

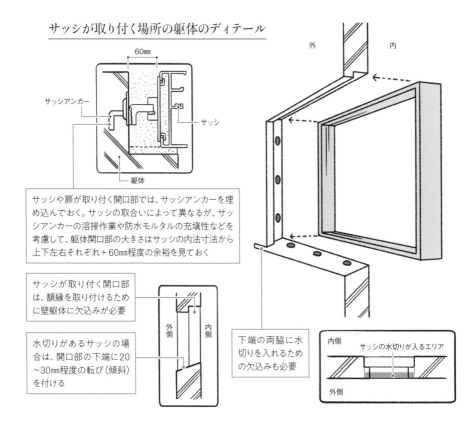

サッシや扉が取り付く開口部では、サッシアンカーを埋め込んでおく。サッシの取合いによって異なるが、サッシアンカーの溶接作業や防水モルタルの充填性などを考慮して、躯体開口部の大きさはサッシの内法寸法から上下左右それぞれ＋60mm程度の余裕を見ておく

サッシが取り付く開口部は、額縁を取り付けるために壁躯体に欠込みが必要

水切りがあるサッシの場合は、開口部の下端に20〜30mm程度の転び（傾斜）を付ける

下端の両脇に水切りを入れるための欠込みも必要

自由な造形を可能にする曲面型枠

円柱や曲面壁をつくる場合、「紙製型枠」「曲面合板型枠」「薄肉打込み型枠（薄肉PCa板やGRC製など）」「アルミ製型枠」「樹脂製型枠」などさまざまなせき板を使用します。一般的には紙製の積層円形型枠がよく用いられます。最近ではBIMや3Dプリンターも普及しているので、より自由度の高い曲面躯体を構築できるようになりました。

曲面合板型枠を用いた曲面の型枠

曲面壁には曲面合板型枠を使用する。これは特注品になるので、製作期間を見込んで早めに発注しておく必要がある

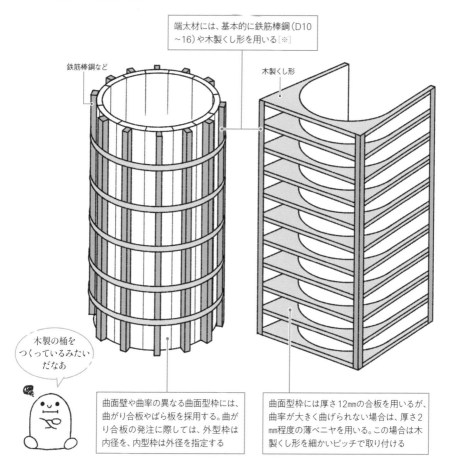

端太材には、基本的に鉄筋棒鋼（D10〜16）や木製くし形を用いる[※]

鉄筋棒鋼など

木製くし形

木製の桶を
つくっているみたい
だなあ

曲面壁や曲率の異なる曲面型枠には、曲がり合板やばら板を採用する。曲がり合板の発注に際しては、外型枠は内径を、内型枠は外径を指定する

曲面型枠には厚さ12mmの合板を用いるが、曲率が大きく曲げられない場合は、厚さ2mm程度の薄ベニヤを用いる。この場合は木製くし形を細かいピッチで取り付ける

※ 近年はコンジットパイプやポリ塩化ビニルパイプなどを使用することもある

紙製型枠を用いた円柱の型枠

円柱をつくる場合、内外部に特殊フィルム加工を施した紙製型枠(積層円柱型枠)を使用する。紙製型枠は軽量で加工しやすく、木材と同様に切断や釘打ちが容易である。「1本もの」と「2つ割り」の2種類がある

紙製型枠は
鉄筋などと接触すると
傷がつきやすいよ。
現場では丁寧に
扱おうね

2つ割りの組合せ方

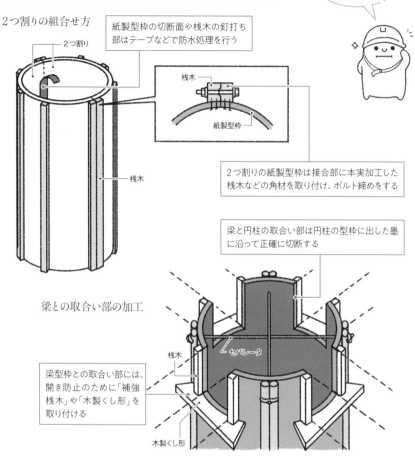

2つ割り

紙製型枠の切断面や桟木の釘打ち部はテープなどで防水処理を行う

桟木

紙製型枠

桟木

2つ割りの紙製型枠は接合部に本実加工した桟木などの角材を取り付け、ボルト締めをする

梁と円柱の取合い部は円柱の型枠に出した墨に沿って正確に切断する

梁との取合い部の加工

桟木

セパレータ

梁型枠との取合い部には、開き防止のために「補強桟木」や「木製くし形」を取り付ける

木製くし形

脚部の固定法

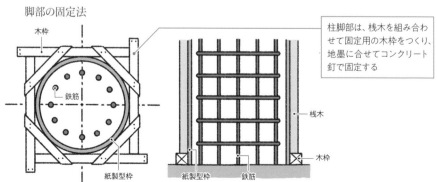

木枠

鉄筋

紙製型枠

柱脚部は、桟木を組み合わせて固定用の木枠をつくり、地墨に合せてコンクリート釘で固定する

桟木

紙製型枠　鉄筋

木枠

パラペット型枠は目地加工がポイント

パラペットは屋根面の防水層の立上りや水切りアゴを確保するために設けられるもので、雨仕舞の重要部位です。そのため打継ぎ箇所やひび割れから漏水が発生しないように注意が必要です。また、アゴの水切り部分はかぶり厚さが不足しやすい要チェックポイントです。

パラペットの型枠

パラペットは防水性を高めるために、屋上床スラブと一体的に打ち込む。そうすることで屋上床スラブの防水保護コンクリート[※]の膨張によって、パラペットが外に押し出されてしまうことも防げる

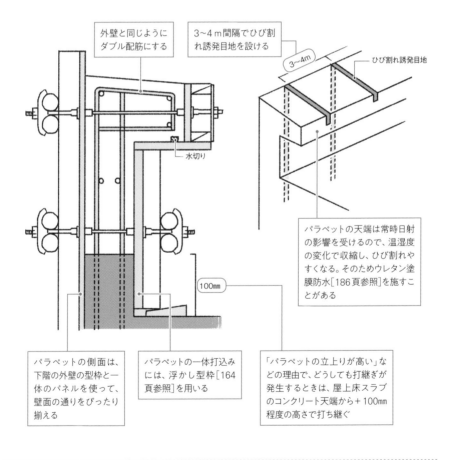

外壁と同じようにダブル配筋にする

3～4m間隔でひび割れ誘発目地を設ける

3～4m

ひび割れ誘発目地

水切り

100mm

パラペットの天端は常時日射の影響を受けるので、温湿度の変化で収縮し、ひび割れやすくなる。そのためウレタン塗膜防水[186頁参照]を施すことがある

パラペットの側面は、下階の外壁の型枠と一体のパネルを使って、壁面の通りをぴったり揃える

パラペットの一体打込みには、浮かし型枠[164頁参照]を用いる

「パラペットの立上りが高い」などの理由で、どうしても打継ぎが発生するときは、屋上床スラブのコンクリート天端から＋100mm程度の高さで打ち継ぐ

※ 熱や衝撃から防水層を守り、浮き上がりを防止するために打ち込むコンクリートのこと

バルコニー型枠の大敵は変形

バルコニーは型枠の変形が起こりやすいので、型枠の組立て中はもちろん、打込みが完了した後も型枠の測定を入念に行いましょう。また、クリープ変形が起こりやすいので、型枠支保工を取り外すタイミングが早すぎないように注意してください。

バルコニーの型枠

バルコニーの型枠は、コンクリート打込み前後に通りやレベル測定を入念に行う。またクリープ現象などが起こりやすいのでスラブの支保工は所定期間以上存置させる

型枠の精度を維持する

押したり引いたりできる専用の斜めサポートを取り付けて、打込み前後に型枠の出入りなどを調整して固定する

手摺壁が立ち上がっているバルコニーは先端荷重が重いので、はね出し小梁を設けたり型枠支保工を取り外す時期を遅らせたりして、バルコニー躯体のクリープ現象を抑制する

型枠を外すタイミングに注意する

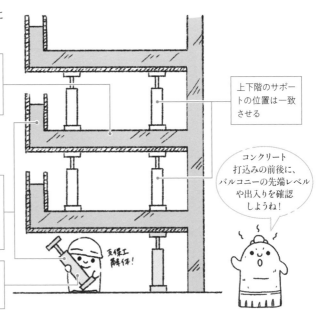

コンクリート打込み時の型枠支保工の沈下を考慮して、レベルを多少高くしておくこともある

上下階のサポートの位置は一致させる

バルコニーの支保工を解体するのは、2フロア上階のスラブのコンクリートが設計基準強度以上の強度を発現してから

2階バルコニーの支保工は硬固に締め固めた地盤や捨コンの上に設置する

支保工解体！

コンクリート打込みの前後に、バルコニーの先端レベルや出入りを確認しようね！

打止め型枠で継ぎ目の一体性を高める

1日に打ち込めるコンクリートの量には制限があるため、躯体工事はその量に応じて工区分けされます。工区の境目は硬化したコンクリートに、後から新しいコンクリートを打ち込む「打継ぎ」[※1]の状態になるので、コンクリートの一体性が弱まります。そこで、打継ぎ部分には、メタルラスやエアフェンスなどの「打止め型枠」を設置してコンクリートの一体性を高める必要があります。

1日に打込み可能なコンクリートの量

1日に施工できる範囲（打込み区画、工区分割）は、作業効率・トラックアジテータ車やポンプ車の駐車可能台数・生コンプラントの供給量・運搬経路・交通渋滞などさまざまな条件を考慮して決定される

工区の範囲はコンクリート床押さえ［180頁参照］が可能な面積も考慮するよ！

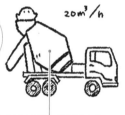

20m³/h

トラックアジテータ車1台付けの場合は20m³/h程度[※2]

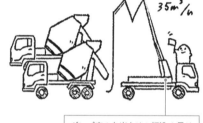

35m³/h

ポンプ車1台当たりの打込み量は、最大35m³/h程度（トラックアジテータ車2台付けの場合）[※2]

鉛直打継ぎ部の注意点

鉛直の打継ぎ部は打止め型枠を取り付けてセメントペーストの流出を防ぎながら、十分な締固めを行う

打止め型枠は、コンクリートの側圧で変形したり、移動したりしないように注意する

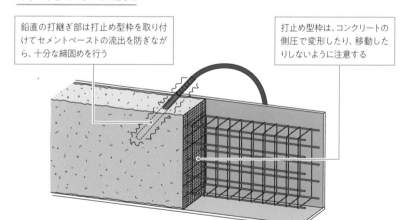

※1 厳密には硬化中のコンクリートに、後から新しいコンクリートを打つことは「打ち重ね」という。狭義の「打継ぎ」は1階と2階の境などをさす
※2 打込み部位・仕上げの程度・時期によって異なる

打止め型枠工法いろいろ

打止め型枠の工法は、梁・壁・スラブなどの部位に応じて適した工法を選定する。打止め型枠はコンクリートの側圧で移動しないようにしっかり固定する。打継ぎ面にゴミなどの異物が付着していると、コンクリートどうしの付着強度が低下する。特にコンクリート表面に浮き出てくる脆弱なモルタル層（レイタンス）はワイヤーブラシや高圧洗浄水などでしっかり除去しなければならない

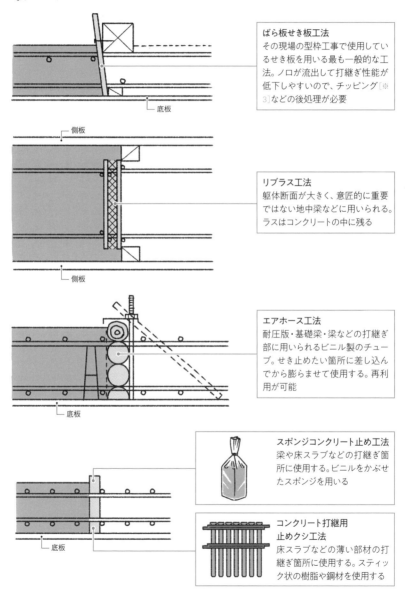

ばら板せき板工法
その現場の型枠工事で使用しているせき板を用いる最も一般的な工法。ノロが流出して打継ぎ性能が低下しやすいので、チッピング[※3]などの後処理が必要

底板

側板

リブラス工法
躯体断面が大きく、意匠的に重要ではない地中梁などに用いられる。ラスはコンクリートの中に残る

側板

エアホース工法
耐圧版・基礎梁・梁などの打継ぎ部に用いられるビニル製のチューブ。せき止めたい箇所に差し込んでから膨らませて使用する。再利用が可能

底板

スポンジコンクリート止め工法
梁や床スラブなどの打継ぎ箇所に使用する。ビニルをかぶせたスポンジを用いる

**コンクリート打継用
止めクシ工法**
床スラブなどの薄い部材の打継ぎ箇所に使用する。スティック状の樹脂や鋼材を使用する

底板

※3 コンクリートの表面をピッチングハンマーなどで剥がすこと。斫るともいう

浮かし型枠は吹出しに注意

パラペット・手摺壁・スラブの段差・逆梁などの立上り部は、打継ぎ部をなくしてコンクリートを一体化させることで品質や止水性が向上します。立上り部を一体化させるには「浮かし型枠」を用いなければなりません。浮かし型枠の脚部は打ち込んだコンクリートが吹き出さないように、適切なタイミングを見計らって打ち込む必要があります。

さまざまな浮かし型枠

パラペット

パラペットは防水性を高めるために、屋上床スラブと一体的に打ち込む。そうすることで、屋上床スラブの防水保護コンクリートの膨張によってパラペットが外に押し出されるのを防げる

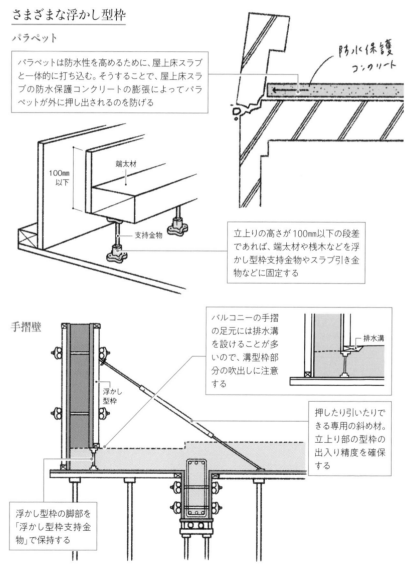

防水保護コンクリート

100mm以下

端太材

支持金物

立上りの高さが100mm以下の段差であれば、端太材や桟木などを浮かし型枠支持金物やスラブ引き金物などに固定する

手摺壁

バルコニーの手摺の足元には排水溝を設けることが多いので、溝型枠部分の吹出しに注意する

排水溝

浮かし型枠

押したり引いたりできる専用の斜め材。立上り部の型枠の出入り精度を確保する

浮かし型枠の脚部を「浮かし型枠支持金物」で保持する

階段の段差

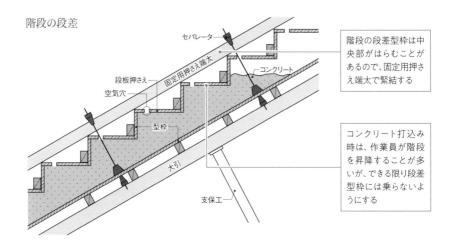

セパレータ

段板押さえ
空気穴

固定用押さえ端太

コンクリート

型枠

大引

支保工

階段の段差型枠は中央部がはらむことがあるので、固定用押さえ端太で緊結する

コンクリート打込み時は、作業員が階段を昇降することが多いが、できる限り段差型枠には乗らないようにする

小さな段差

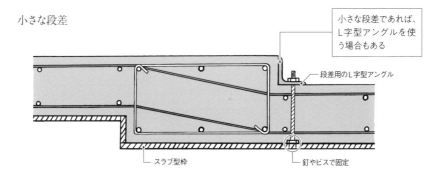

小さな段差であれば、L字型アングルを使う場合もある

段差用のL字型アングル

スラブ型枠

釘やビスで固定

浮かし型枠の吹出し部

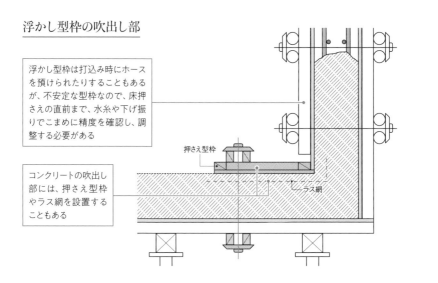

浮かし型枠は打込み時にホースを預けられたりすることもあるが、不安定な型枠なので、床押さえの直前まで、水糸や下げ振りでこまめに精度を確認し、調整する必要がある

押さえ型枠

コンクリートの吹出し部には、押さえ型枠やラス網を設置することもある

ラス網

型枠の合理化工法を活用する

型枠工事には、「せき板材料の転用回数を増やす」「支保工をなくす」「パネルを大型化する」「解体作業を不要にする」といった工夫を施したさまざまな工法があります。適切な型枠工法を採用することで、工期短縮・品質向上・工数削減・特殊技能の簡易化などを図ることができます。

システム型枠

型枠の合理化工法で最も広く普及しているのがシステム型枠である。システム型枠は、根太や大引を一体化した型枠ユニットを現場で組み立てることで作業の効率化を図る工法である

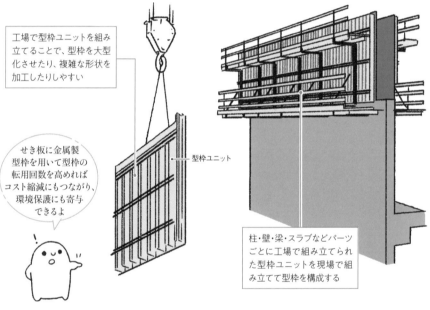

工場で型枠ユニットを組み立てることで、型枠を大型化させたり、複雑な形状を加工したりしやすい

せき板に金属製型枠を用いて型枠の転用回数を高めればコスト縮減にもつながり、環境保護にも寄与できるよ

型枠ユニット

柱・壁・梁・スラブなどパーツごとに工場で組み立てられた型枠ユニットを現場で組み立てて型枠を構成する

打込み型枠工法

打込み型枠工法は、コンクリート打込み後にせき板を取り外さずそのまま躯体に打ち込んでしまう工法である。主に基礎や地中梁の施工で採用される

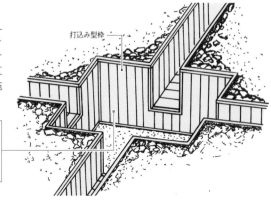

打込み型枠

打込み型枠に使用されるせき板はラス・鋼製・薄肉PCa板が主流。かつてはCB（コンクリートブロック）やALCなども採用された

床型枠の合理化工法

床は、型枠工法のなかでも早くから合理化が進められてきた部位である。主に支保工を省略するノンサポート化によって作業の効率化を図るものが多い。「鉄筋トラス付きデッキ工法」「トラス筋入り合成床板工法」「薄肉PCa板工法」などがある

鉄筋トラス付きデッキ工法

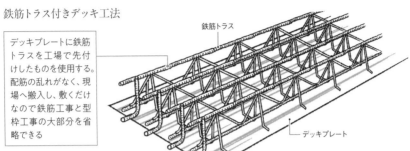

デッキプレートに鉄筋トラスを工場で先付けしたものを使用する。配筋の乱れがなく、現場へ搬入し、敷くだけなので鉄筋工事と型枠工事の大部分を省略できる

鉄筋トラス

デッキプレート

トラス筋入り合成床板工法

トラス筋

トラスで補強した薄肉PCa板を梁に架け渡し、スラブ上端筋配筋を行ったうえで、コンクリートを打ち込んで床を構築する。直仕上げの天井の場合に採用する工法で、型枠や支保工の作業削減につながる

PCa板がそのまま下階の天井の仕上げとなる

PCa板

薄肉PCa板工法

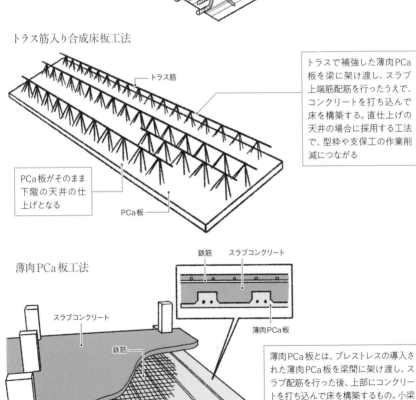

鉄筋　スラブコンクリート

薄肉PCa板

スラブコンクリート

鉄筋

薄肉PCa板

薄肉PCa板とは、プレストレスの導入された薄肉PCa板を梁間に架け渡し、スラブ配筋を行った後、上部にコンクリートを打ち込んで床を構築するもの。小梁の省略や垂直型枠材の解体・移動が容易。支保工なしで約8〜9mの大スパンの床板を構築できる。長期のクリープ変形が少なく、ひび割れの抑制に効果的。大スパン床工法[71頁参照]の1つ

十分な打込み計画が施工の質を高める

コンクリートを打ち込む際は、打込み区画・配筋状態・支保工の安全性・コンクリートの品質などを考慮して、順序と速度を事前に検討する必要があります。打設計画は1枚の計画書にまとめ、関係者全員への周知を徹底しましょう。この計画書に実施状況を併記しておけば、次の打込み作業の資料として有用活用できます。

コンクリート打設計画書の記載内容

「打設計画書」には1日の具体的な打込みスケジュールや注意事項などを記載する

> 打込み開始から表面仕上げまでの作業時間と人員配置を考慮しよう

コンクリート打ち込み（計画・結果）報告書

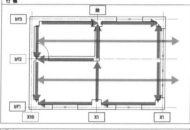

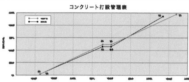

> 1日の打込み量は、生コン工場の供給能力、ポンプ車の圧送能力、打込み部位の面積・形状などをもとに検討するよ

> ちなみに打込み作業以外の工事も含めた全体の計画は「コンクリート工事施工計画書」が担うよ

> 打込み時間は、騒音規制法・工事車両通行規制・近隣住民協定・通勤や通学時間帯の工事車両の運行などの影響を受けます

> 平面的にトラックアジテータ車から最も遠い区画から打込みを開始する。作業が進むに従ってコンクリートポンプの配管を短くしていく

打込み順序の基本的な考え方

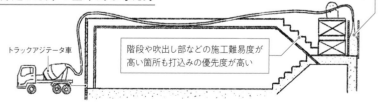

階段や吹出し部などの施工難易度が高い箇所も打込みの優先度が高い

トラックアジテータ車

鉛直部材の打込み方法

鉛直部材の打込み方法には、「片押し打ち」
と「回し打ち」の2つがある

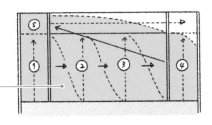

片押し打ち

柱や壁の鉛直部材を下から梁底まで一気
に打ち込む。その後、柱と壁のコンクリー
ト上端の沈降が収まってから、梁やスラブ
の水平部材を打ち込む

回し打ち

打込み箇所を変えながら柱や壁の鉛直部
材を梁底まで複数回に分けて打ち込む。
打込み箇所の形状・寸法・気温などを考慮
して打ち方を検討する。階高が高い場合
に採用される

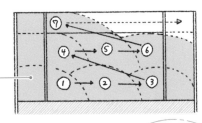

長所と短所	片押し打ち		回し打ち	
型枠にかかる側圧	×	大きい	○	小さい
材料分離	×	発生しやすい	○	発生しにくい
沈降ひび割れ	×	発生しやすい	○	発生しにくい
コールドジョイント	○	発生しにくい	×	発生しやすい
打込み時の床配筋	○	乱れにくい	×	乱れやすい
作業効率	○	高い	×	低い

どちらも一長一短
だけど、回し打ちの
ほうがよい躯体が
できそうだね

打込み作業の準備

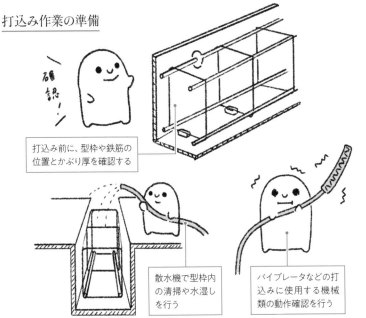

確認！

打込み前に、型枠や鉄筋の
位置とかぶり厚を確認する

散水機で型枠内
の清掃や水湿し
を行う

バイブレータなどの打
込みに使用する機械
類の動作確認を行う

コンクリート輸送は時間との勝負

コンクリートの運搬は、「レディーミクストコンクリート工場→荷卸し場所」と「荷卸し場所→打込み場所」に分けられます。運搬中のワーカビリティ低下や材料分離などの品質低下を避けるために、運搬時間にはそれぞれ限度があります。道路状況や外気温などに十分注意して、トラブルを予防し、質のよいコンクリートを届けられるようにしましょう。

運搬時間の限度

運搬時間の規定には「JIS」と「JASS・示方書」がある。JISはコンクリート会社への規定で、JASS・示方書は施工会社への規定

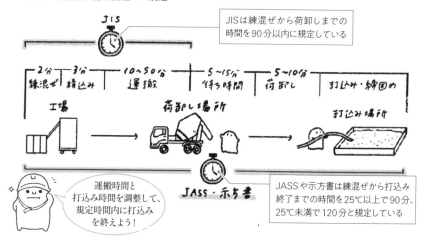

JISは練混ぜから荷卸しまでの時間を90分以内に規定している

運搬時間と打込み時間を調整して、規定時間内に打込みを終えよう！

JASSや示方書は練混ぜから打込み終了までの時間を25℃以上で90分、25℃未満で120分と規定している

コンクリート輸送用の車両

トラックアジテータ車は撹拌しながら運搬することで、コンクリートの急激な品質変動を抑えている。荷卸しの際は、念のためコンクリートを流しはじめてから全体の約1/4と約3/4のコンクリートを採取してスランプ試験[38頁参照]を行い、両者のスランプ差が3cm以内になることを確認する（JIS A 5308）

トラックアジテータ車

コンクリートの投入口からの雨水混入を防止したり、ドラムが高温にならないよう遮熱塗料を塗ったりしている車両もある

ダンプトラック

舗装用コンクリートや振動ローラ締固め工法に用いるコンクリートはダンプトラックを用いる

コンクリートの圧送方式

現場内での運搬は、主にコンクリートポンプ車（圧送負荷の1.25倍を上回る吐出圧力のもの）を使用する。圧送工事では、輸送管やホースの破損事故が多発しているので、摩耗・劣化した輸送管やホースは使用せず、閉塞や吐出量の上げ過ぎにも十分注意する

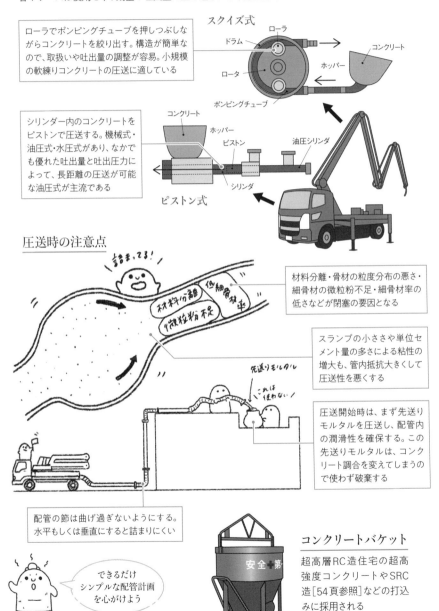

スクイズ式

ローラでポンピングチューブを押しつぶしながらコンクリートを絞り出す。構造が簡単なので、取扱いや吐出量の調整が容易。小規模の軟練りコンクリートの圧送に適している

ローラ
ドラム
コンクリート
ロータ
ホッパー
ポンピングチューブ

ピストン式

シリンダー内のコンクリートをピストンで圧送する。機械式・油圧式・水圧式があり、なかでも優れた吐出量と吐出圧力によって、長距離の圧送が可能な油圧式が主流である

コンクリート
ホッパー
ピストン
油圧シリンダ
シリンダ

圧送時の注意点

詰まってる！

材料分離・骨材の粒度分布の悪さ・細骨材の微粒粉不足・細骨材率の低さなどが閉塞の要因となる

スランプの小ささや単位セメント量の多さによる粘性の増大も、管内抵抗大きくして圧送性を悪くする

先送りモルタル
これは使わない！

圧送開始時は、まず先送りモルタルを圧送し、配管内の潤滑性を確保する。この先送りモルタルは、コンクリート調合を変えてしまうので使わず破棄する

配管の節は曲げ過ぎないようにする。水平もしくは垂直にすると詰まりにくい

できるだけシンプルな配管計画を心がけよう

コンクリートバケット

安全第一

超高層RC造住宅の超高強度コンクリートやSRC造[54頁参照]などの打込みに採用される

コンクリート打込みのポイント

コンクリートの打込みに際しては、配筋や型枠を移動・変形させることなく、均質なコンクリートを円滑に打ち込むことが大切です。その際、打込みの高さ・打込みの間隔・充填不足・吹出しなど、注意するべきポイントがいくつかあります。ここで基本的な注意点について確認しておきましょう。

自由落下高さ

自由落下高さは、できるだけ低くする。コンクリートは打込みの際の落下位置が高すぎると、材料分離・鉄筋の乱れ・スペーサーの乱れ・天端の沈降などが生じる

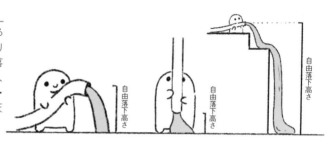

水平移動距離

水平移動距離はできるだけ短くする。コンクリートの天端が水平に上昇するように、ポイントを移動しながら打込むことが大切

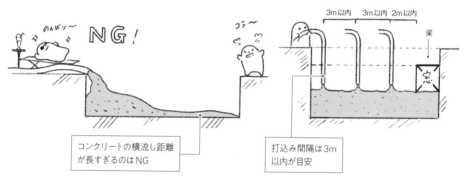

コンクリートの横流し距離が長すぎるのは NG

打込み間隔は3m以内が目安

打重ね時間の間隔

打重ね時間の間隔があきすぎると、先に打ち込んだコンクリートと後に打ち込んだコンクリートが一体化せずコールドジョイントが発生する。コンクリートの凝結速度は、環境条件やコンクリート種類によって異なるので要注意

外気温	25℃未満	25℃以上
打込み継続中の打重ね時間の間隔	150分以内	120分以内
練混ぜから打重ね完了までの時間	120分以内	90分以内

打重ねの注意点

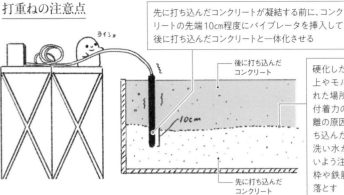

先に打ち込んだコンクリートが凝結する前に、コンクリートの先端10cm程度にバイブレータを挿入して後に打ち込んだコンクリートと一体化させる

後に打ち込んだコンクリート

硬化したコンクリートの上やモルタルなどで汚れた場所に打ち込むと、付着力の低下や表面剥離の原因となる。先に打ち込んだコンクリートに洗い水が多量に入らないよう注意しながら、型枠や鉄筋の汚れを洗い落とす

10cm

先に打ち込んだコンクリート

打込みが難しいポイント

SRC造の梁

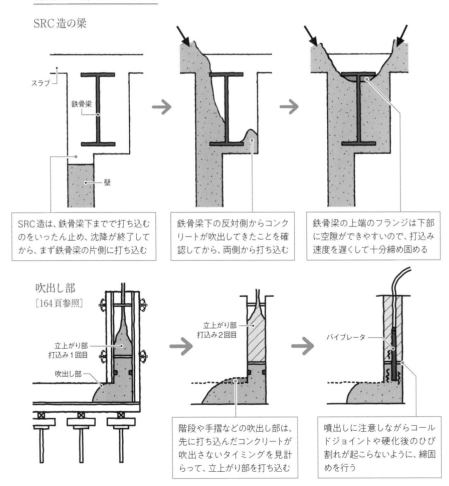

スラブ

鉄骨梁

壁

SRC造は、鉄骨梁下までで打ち込むのをいったん止め、沈降が終了してから、まず鉄骨梁の片側に打ち込む

鉄骨梁下の反対側からコンクリートが吹出してきたことを確認してから、両側から打ち込む

鉄骨梁の上端のフランジは下部に空隙ができやすいので、打込み速度を遅くして十分締め固める

吹出し部
［164頁参照］

立上がり部
打込み1回目

吹出し部

立上がり部
打込み2回目

バイブレータ

階段や手摺などの吹出し部は、先に打ち込んだコンクリートが吹出さないタイミングを見計らって、立上がり部を打ち込む

噴出しに注意しながらコールドジョイントや硬化後のひび割れが起こらないように、締固めを行う

締固めの道具と使い方を知ろう

締固めは、棒形振動機（バイブレータ）や木槌などでコンクリートに振動を与える作業です。振動を与えることでコンクリートを型枠の隅々にまで充填し、コンクリートと鉄筋を密着させ、コンクリート内部の余分な気泡や水分を押し出すことができます。締固めによってコンクリートの耐久性の向上と構造の一体性を確保できます。

内部振動の締固めに使う物

バイブレータ

突き棒

突き棒・型枠振動機・木槌などはバイブレータが届かないところに振動を与えるときに使うよ

外部振動の締固めに使う物

型枠振動機

木槌

人力による締固め

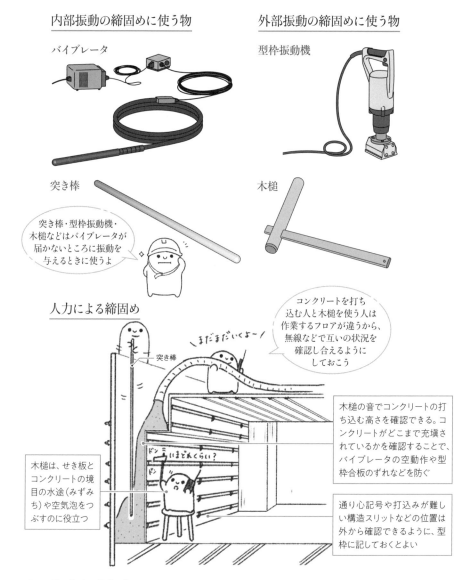

突き棒

まだまだいくよー！

コンクリートを打ち込む人と木槌を使う人は作業するフロアが違うから、無線などで互いの状況を確認し合えるようにしておこう

ドンミ　いまどれくらい？
ドン

木槌は、せき板とコンクリートの境目の水途（みずみち）や空気泡をつぶすのに役立つ

木槌の音でコンクリートの打ち込む高さを確認できる。コンクリートがどこまで充填されているかを確認することで、バイブレータの空動作や型枠合板のずれなどを防ぐ

通り心記号や打込みが難しい構造スリットなどの位置は外から確認できるように、型枠に記しておくとよい

バイブレータの使用方法

バイブレータで最もよく採用されているのは、公称棒径45mmのもの。締固め能力は約10～15㎥/h

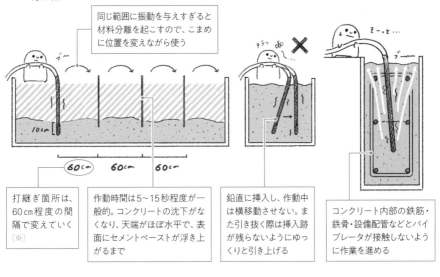

同じ範囲に振動を与えすぎると材料分離を起こすので、こまめに位置を変えながら使う

打継ぎ箇所は、60cm程度の間隔で変えていく〔※〕

作動時間は5～15秒程度が一般的。コンクリートの沈下がなくなり、天端がほぼ水平で、表面にセメントペーストが浮き上がるまで

鉛直に挿入し、作動中は横移動させない。また引き抜く際は挿入跡が残らないようにゆっくりと引き上げる

コンクリート内部の鉄筋・鉄骨・設備配管などとバイブレータが接触しないように作業を進める

型枠振動機の使用方法

型枠振動機は型枠の表面にセメントペーストを行き渡せるための補助的な締固めに使用する

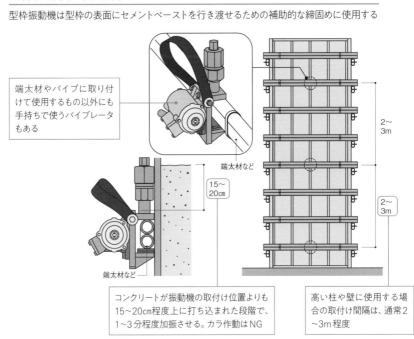

端太材やパイプに取り付けて使用するもの以外にも手持ちで使うバイブレータもある

端太材など

15～20cm

端太材など

2～3m

2～3m

コンクリートが振動機の取付け位置よりも15～20cm程度上に打ち込まれた段階で、1～3分程度加振させる。カラ作動はNG

高い柱や壁に使用する場合の取付け間隔は、通常2～3m程度

※ JASS 5では、内部振動機の挿入間隔が60cm以下から、棒状振動機呼び径の10倍程度を目安とするという基準になった

打継ぎ部が水密性や耐久性の弱点にならないように

硬化したコンクリートの上から、新しいコンクリートを打ち込んだ箇所は「打継ぎ部」と呼ばれます。この部分はコンクリートが完全に一体化しているわけではないので、水密性や耐久性の弱点になりやすいです。打継ぎ部はできるだけ少なくするとともに、設計図書に示された位置や形状を厳守しましょう。

打継ぎ箇所

打継ぎ箇所はコンクリートが一体化しているわけではないので、引張力やせん断力に対して構造的な弱点となる。そのため、せん断力が小さく、圧縮力が働く箇所が打継ぎに適したポイントとなる。なお片持ちスラブなどのはね出し部には、打継ぎを設けない。また水密性や気密性を確保しなければならない箇所にも打継ぎは設けない

スラブや梁の打継ぎ部

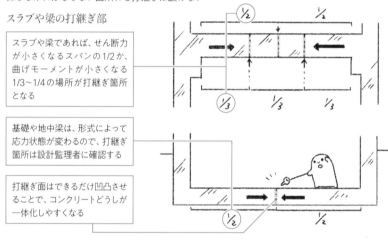

スラブや梁であれば、せん断力が小さくなるスパンの1/2か、曲げモーメントが小さくなる1/3〜1/4の場所が打継ぎ箇所となる

基礎や地中梁は、形式によって応力状態が変わるので、打継ぎ箇所は設計監理者に確認する

打継ぎ面はできるだけ凹凸させることで、コンクリートどうしが一体化しやすくなる

柱や壁の打継ぎ部

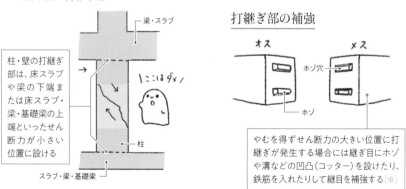

梁・スラブ

柱・壁の打継ぎ部は、床スラブや梁の下端または床スラブ・梁・基礎梁の上端といったせん断力が小さい位置に設ける

ここはダメ

柱

スラブ・梁・基礎梁

打継ぎ部の補強

オス　　メス

ホゾ穴

ホゾ

やむを得ずせん断力の大きい位置に打継ぎが発生する場合には継ぎ目にホゾや溝などの凹凸(コッター)を設けたり、鉄筋を入れたりして継ぎ目を補強する[※]

※ これらの工法は、PC部材の接合部や耐震改修においても用いられる

水平の打継ぎ部

高圧ジェット水やワイヤーブラシでレイタンス層を除去して、健全なコンクリートを露出させる

水平の打継ぎ部はレイタンスを確実に除去したうえで、新しいコンクリートを打ち込む

凝結遅延剤を打継ぎ部に散布・塗布して、表面の凝結や硬化を遅延させ、洗い出し作業を行う方法もあるよ

外壁の打継ぎ部

コンクリートの打継ぎ部に設ける目地。打継ぎ部は防水上の弱点になるので、外部は目地を設けてシーリングを施し止水性を高める

水平の打継ぎ

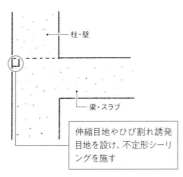

柱・壁

梁・スラブ

伸縮目地やひび割れ誘発目地を設け、不定形シーリングを施す

勾配をつけた打継ぎ

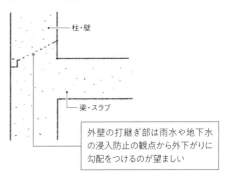

柱・壁

梁・スラブ

外壁の打継ぎ部は雨水や地下水の浸入防止の観点から外下がりに勾配をつけるのが望ましい

止水板を用いた打継ぎ

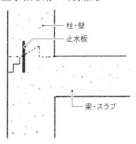

柱・壁
止水板

梁・スラブ

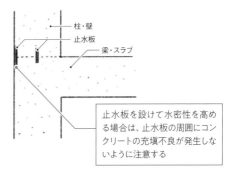

柱・壁
止水板
梁・スラブ

止水板を設けて水密性を高める場合は、止水板の周囲にコンクリートの充塡不良が発生しないように注意する

養生でコンクリートを守る

打込みが終わり表面仕上げが完了した後は、一定期間コンクリートを乾燥や振動から保護するために、養生する必要があります。養生期間は長ければ長いほどよく、特に初期材齢における養生はコンクリートの品質に与える影響が大きいので、適切に行いましょう。初期養生では、湿潤養生・保温養生・振動や外力からの保護が重要です。

湿潤養生の方法

硬化中のコンクリートの表面が急速に乾燥すると、内部の水分が減少して十分な水和反応を得られない。直射日光や風による水分の蒸発を防ぎ、水和反応に必要な水セメント比（22~27%程度）を維持できるよう湿潤養生を行う

湿潤養生すれば長期にわたって強度が増進して緻密なコンクリートになるよ！もちろん水密性もよくなる

水分保持方法

養生マットや水密シートを使用する。養生のタイミングはコンクリート表面仕上げ［180頁参照］の直後（凝結の開始直後）

水密シート

水分供給方法

散水や噴霧でコンクリート表面を濡らす。養生のタイミングはコンクリートの凝結が終了した後

水

水分逸散防止方法

被膜養生剤や浸透性養生材を使用する。養生のタイミングはブリーディング終了後

湿潤養生の期間はセメントの種類ごとに規定されているよ

被膜養生剤

保温養生の方法

外気温が低いと水和反応が阻害されて強度発現が遅れ、初期凍害を受けやすい。必要な温度を保つために給熱または保温養生を行う

給熱養生

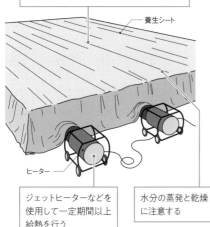

温度を上げ過ぎると、初期強度は急速に増加するが、長期材齢の伸びが小さくなり、耐久性や水密性が低下するので注意が必要

養生シート

ヒーター

ジェットヒーターなどを使用して一定期間以上給熱を行う

水分の蒸発と乾燥に注意する

オートクレーブ養生

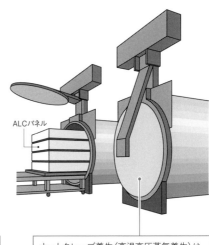

ALCパネル

オートクレーブ養生(高温高圧蒸気養生)は、ALCパネルの製造に使用する。温度が高いほど水和反応が早く進み、強度も大きくなる保温養生の性質を利用している

振動や外力からの保護

初期材齢時のコンクリートに衝撃や過大な荷重が加わると、「ひび割れ」「損傷」「クリープによるたわみ」「コンクリートと鉄筋の付着強度の低下」「打継ぎ部の強度低下」などにつながりかねないので保護が必要となる

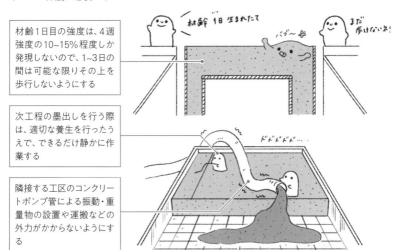

材齢1日目の強度は、4週強度の10~15%程度しか発現しないので、1~3日の間は可能な限りその上を歩行しないようにする

次工程の墨出しを行う際は、適切な養生を行ったうえで、できるだけ静かに作業する

隣接する工区のコンクリートポンプ管による振動・重量物の設置や運搬などの外力がかからないようにする

表面仕上げの目的は見た目だけじゃない

コンクリートの表面仕上げは外観を美しく整えるだけでなく、構造体の耐久性や水密性の向上にも効果があります。コンクリートがまだ軟らかい状態のときにトンボや木鏝で表面を平らにする「均し」を行い、その後に鏝を使って表面を仕上げる「押さえ」を施します。コンクリートの硬化がゆっくりになる冬期は、作業が深夜に及ぶこともあります。

木鏝押さえ

木鏝で仕上げるため表面はざらつく。仕上げ材で隠れる場所や、表面のざらつきを生かしてモルタルなどの接着性をよくするために採用される

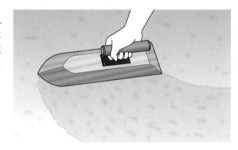

金鏝押さえ

表面が平滑に仕上るので、コンクリート躯体がそのまま仕上げになる場合などに採用される。人が歩く場所は降雨時のスリップに注意

仕上げ作業の後に発生したひび割れ（沈降ひび割れなど）は、タンピングや再仕上げなどによって補修する

刷毛引き

表面を刷毛で凹凸に仕上げる。意匠上の理由だけでなく、滑止めなどの機能的な理由でも採用される

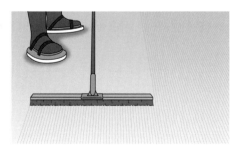

型枠支保工の取外しは焦らずに

コンクリートが固まれば、型枠支保工を取り外します。「いち早く躯体を確認したい」というはやる気持ちを抑えて、適正な時期に行うことが大切です。コンクリートが十分に硬化していないタイミングで型枠支保工を取り外すと、有害なひび割れが発生したり、耐久性が低下したりします。取外し作業は、躯体を傷つけないよう注意しましょう。

鉛直型枠の存置期間

基本的にはJASS5を基準に存置期間を決める[※1]が、これ以外に「計画共用期間の級」を基準にする場合は、現場水中養生[※2]か現場封かん養生[※3]を施した供試体の強度をもとに存置期間を決める

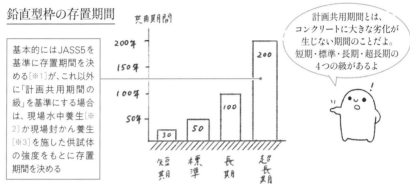

計画共用期間とは、コンクリートに大きな劣化が生じない期間のことだよ。短期・標準・長期・超長期の4つの級があるよ

セメントの種類 強度や材齢		早強ポルトランドセメント	普通ポルトランドセメント 高炉セメントA種 シリカセメントA種 フライアッシュセメントA種	高炉セメントB種 シリカセメントB種 フライアッシュセメントB種
圧縮強度	計画共用期間=短期・標準	—	5N/mm²以上	
	計画共用期間=長期・超長期	—	10N/mm²以上	—
材齢	平均気温20℃以上	2日	4日	5日
	平均気温10℃以上20℃未満	3日	6日	8日

支保工の存置期間

支保工の解体は、原則としてスラブや梁のコンクリートが設計基準強度を100%以上発現させてからとなる。通常は4週間

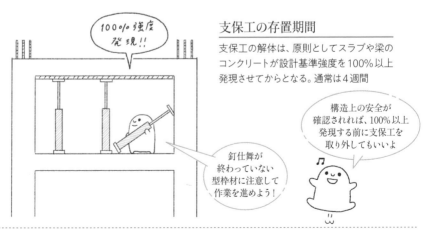

100%強度発現!!

釘仕舞が終わっていない型枠材に注意して作業を進めよう！

構造上の安全が確認されれば、100%以上発現する前に支保工を取り外してもいいよ

※1 JASS5の「せき板の存置期間を定めるコンクリートの圧縮強度および材齢」が基準となる
※2 適温（20℃±3℃）に管理された水中で養生する方法
※3 直射日光が当たらない場所で、コンクリートの表面から水分が出入りしないように密閉して養生する方法

第 5 章

RC構造物の仕上げ

ぬりぬり♪

人間の体に例えると、躯体は筋骨格、設備は内臓や血管、そして仕上げは皮膚や感覚器官にあたります。仕上げ工事は工種の範囲が広く、近年では調湿性能や環境負荷低減性能などを有する仕上げ材料が登場したり、情報ネットワークやセキュリティなどの多種多様な設備が導入されたりしています。また、内外装材や設備機器は、RC躯体に比べると耐

用年数が短いため、定期的な補修や交換のしやすさにも留意しなければなりません。
この章では、RC造建築物の基本的な仕上げ・設備工事を概説します。防水性や断熱性と
いった基本的な仕上げのポイントについて確認しましょう。

防水で建築物から漏水をなくす

防水は、建築物から漏水をなくすうえで特に重要です。「住宅の品質確保の促進等に関する法律(品確法)」では、住宅について構造耐力上主要な部分と雨水の浸入を防止する部分について10年間の瑕疵担保責任を負うこととなっています。コンクリートは水密性に優れた素材ですが、漏水の発生要因は確実に排除しましょう。

漏水を起こす3要因

水が建物内に入ってこようとする力。風圧や水圧などが該当する

漏水の要因は水・隙間・力の3つ。このうち1つでも排除できれば雨・水漏れは防げるよ

力(圧力)

隙間

漏れ

防水が必要な箇所

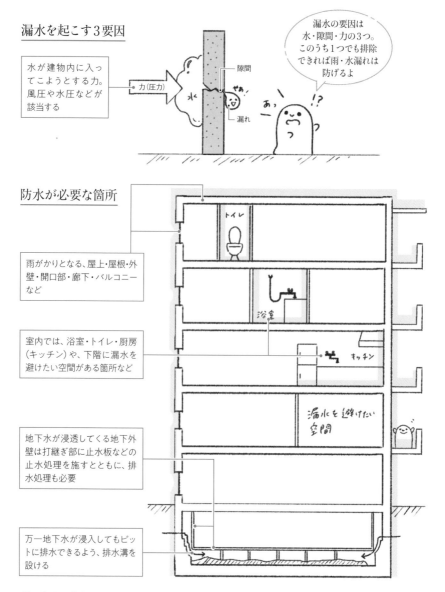

トイレ

浴室

キッチン

雨がかりとなる、屋上・屋根・外壁・開口部・廊下・バルコニーなど

室内では、浴室・トイレ・厨房(キッチン)や、下階に漏水を避けたい空間がある箇所など

漏水を避けたい空間

地下水が浸透してくる地下外壁は打継ぎ部に止水板などの止水処理を施すとともに、排水処理も必要

万一地下水が浸入してもピットに排水できるよう、排水溝を設ける

アスファルト防水

合成繊維不織布にアスファルトを含侵・コーティングさせたシートを張り重ねて防水層を形成する工法。ルーフィングシートを積層することで水密性を確保する

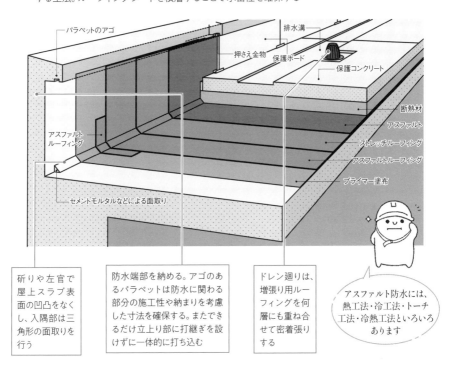

パラペットのアゴ
排水溝
押さえ金物
保護ボード
保護コンクリート
断熱材
アスファルト
ストレッチルーフィング
アスファルトルーフィング
プライマー塗布
アスファルトルーフィング
セメントモルタルなどによる面取り

斫りや左官で屋上スラブ表面の凹凸をなくし、入隅部は三角形の面取りを行う

防水端部を納める。アゴのあるパラペットは防水に関わる部分の施工性や納まりを考慮した寸法を確保する。またできるだけ立上り部に打継ぎを設けずに一体的に打ち込む

ドレン廻りは、増張り用ルーフィングを何層にも重ね合せて密着張りする

アスファルト防水には、熱工法・冷工法・トーチ工法・冷熱工法といろいろあります

アスファルト防水（浴室など）

室内で水を使う箇所には、主にアスファルト防水が採用される。バリアフリーの観点から床や壁の仕上がり面が同面（または同レベル）になることが多いので、防水層・保護コンクリート・モルタルなどの厚さを考慮した納まりを考える必要がある

防水層の立上がりは、水がからない高さまで設定する

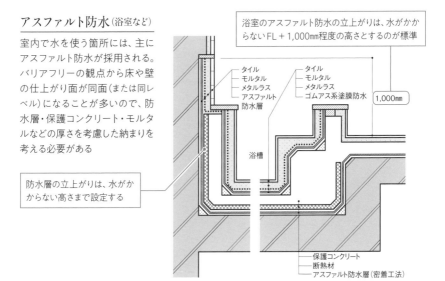

浴室のアスファルト防水の立上がりは、水がかからないFL＋1,000㎜程度の高さとするのが標準

タイル
モルタル
メタルラス
アスファルト防水層

タイル
モルタル
メタルラス
ゴムアス系塗膜防水

1,000㎜

浴槽

保護コンクリート
断熱材
アスファルト防水層（密着工法）

塗膜防水（ウレタン・FRP）

コンクリート仕上げのパラペット・ハト小屋・塔屋（ペントハウス）のアゴは、外気温度差や乾燥収縮によってひび割れやすい。この部分のひび割れに水が浸入すると、防水層の裏に水が回って室内に浸水する

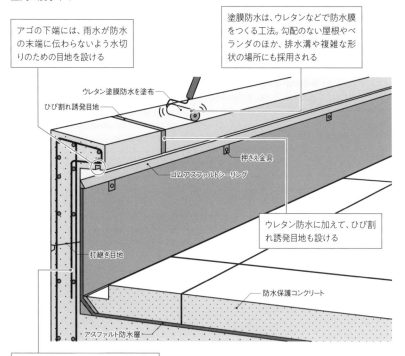

アゴの下端には、雨水が防水の末端に伝わらないよう水切りのための目地を設ける

塗膜防水は、ウレタンなどで防水膜をつくる工法。勾配のない屋根やベランダのほか、排水溝や複雑な形状の場所にも採用される

ウレタン塗膜防水を塗布

ひび割れ誘発目地

押さえ金具

ゴムアスファルトシーリング

ウレタン防水に加えて、ひび割れ誘発目地も設ける

打継ぎ目地

防水保護コンクリート

アスファルト防水層

防水層の押さえコンクリートが気温変化で伸縮し、パラペットにひび割れが発生しないよう、複数配筋でスラブや梁に確実に定着させる必要がある

浸透性防水

ケイ酸塩素系表面含侵剤などを用い、コンクリート内部の微細な隙間を埋める工法

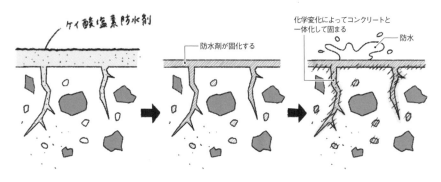

ケイ酸塩素防水剤

防水剤が固化する

化学変化によってコンクリートと一体化して固まる

防水

シート防水（塩ビ系・ゴム系）

塩ビ樹脂や加硫ゴムを原料としたルーフィングシートを張り付ける工法。合成高分子系ルーフィングシート防水とも呼ばれている。取付けには、接着工法と機械的固定工法がある

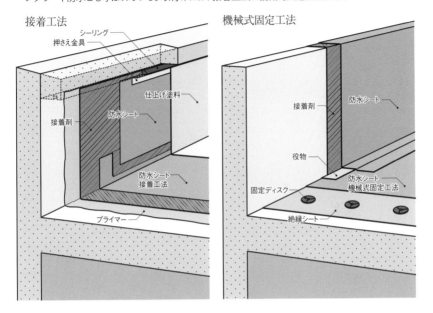

接着工法

- シーリング
- 押さえ金具
- 仕上げ塗料
- 防水シート
- 接着剤
- 防水シート 接着工法
- プライマー

機械式固定工法

- 接着剤
- 防水シート
- 役物
- 固定ディスク
- 防水シート 機械式固定工法
- 絶縁シート

防水保護コンクリート

防水層を熱や衝撃から保護し、浮上りなどを防ぐ目的で防水層の上に打ち込む。押さえコンクリートとも呼ばれ、通常のコンクリートよりも軽い軽量コンクリートを使用する

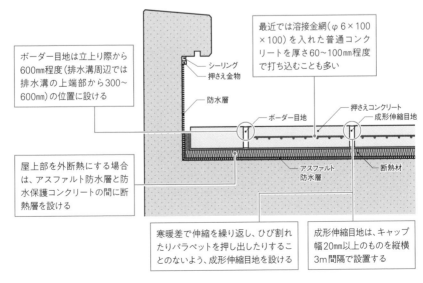

ボーダー目地は立上り際から600mm程度（排水溝周辺では排水溝の上端部から300〜600mm）の位置に設ける

最近では溶接金網（φ6×100×100）を入れた普通コンクリートを厚さ60〜100mm程度で打ち込むことも多い

- シーリング
- 押さえ金物
- 防水層
- ボーダー目地
- 押さえコンクリート
- 成形伸縮目地
- アスファルト防水層
- 断熱材

屋上部を外断熱にする場合は、アスファルト防水層と防水保護コンクリートの間に断熱層を設ける

寒暖差で伸縮を繰り返し、ひび割れたりパラペットを押し出したりすることのないよう、成形伸縮目地を設ける

成形伸縮目地は、キャップ幅20mm以上のものを縦横3m間隔で設置する

サッシは位置のずれに細心の注意を払う

外壁の開口部は漏水の発生リスクが高く、乾燥収縮によるひび割れが生じやすい箇所です。補強筋を入れたり、誘発目地を入れたりすることで躯体側の補強を適切に行いつつ、仕上げ工事の段階でもシーリングや塗膜防水など止水処理を2重3重に施しましょう。

室内側からのサッシ取付け手順

サッシ取付けは、室内外どちら側からでも行えるが、室内側のほうが安全に作業しやすい。同面サッシは外側から取り付けることが多い

躯体の開口部に木製クサビでサッシを仮留めする

躯体に埋め込まれたサッシアンカーや鉄筋などとサッシを溶接

溶接中は、サッシの位置がずれやすいので、壁面の子墨やレベル墨を確認しながら作業する

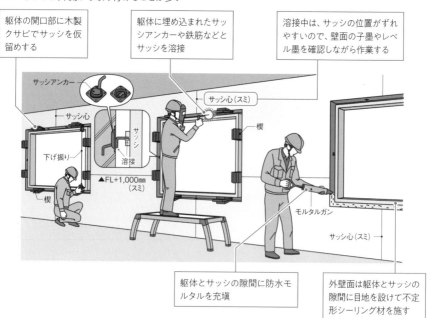

サッシアンカー

サッシ心

下げ振り

サッシ心（スミ）

サッシ
溶接

楔

▲FL+1,000mm
（スミ）

楔

モルタルガン

サッシ心（スミ）

躯体とサッシの隙間に防水モルタルを充填

外壁面は躯体とサッシの隙間に目地を設けて不定形シーリング材を施す

サッシアンカーの配置

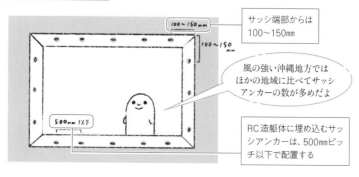

100〜150mm

100〜150mm

500mm 以下

サッシ端部からは100〜150mm

風の強い沖縄地方ではほかの地域に比べてサッシアンカーの数が多めだよ

RC造躯体に埋め込むサッシアンカーは、500mmピッチ以下で配置する

扉は沓摺部がポイント

扉もサッシと同様にアンカーや鉄筋などに溶接して固定する。沓摺部分のモルタルの充填がポイントとなる

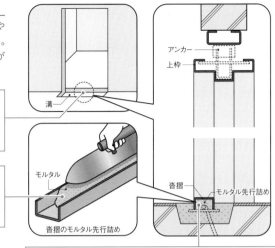

アンカー
上枠

扉が取り付く箇所のスラブ面には、沓摺を納めるために欠き込みが必要。打込みの際に発泡スチロールなどを入れておく

重量物を載せたときに沓摺が変形するのを防いだり、踏んだ時の音を軽減したりするためにモルタルを詰める

溝

モルタル

沓摺のモルタル先行詰め

沓摺
モルタル先行詰め

扉は三方枠を取り付けるが、沓摺(下枠)は扉を取り付けた後にモルタルを充填できないので、事前にモルタル詰めを行っておく

同面サッシはフラッシングで止水

同面(面付け)サッシは、サッシ面と外壁仕上げが同一面に見えるので「抱き」が設けられない。シーリングが切れたときに雨水が浸入しないようフラッシングを設置する

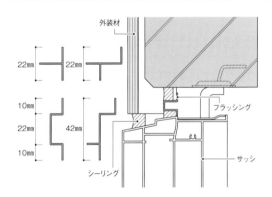

外装材

22mm 22mm

10mm
22mm   42mm
10mm

フラッシング

シーリング

サッシ

汚れに配慮した納まり

サッシの水切りや庇などの端部から雨垂れの汚れが目立つ建築物をよく見かける。建物を美しく維持するためには、汚れにくい外装材を使用するだけでなく、外壁・水切り形状・目地の配置などを工夫したい

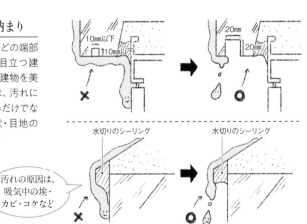

10mm以下
10mm以下
20mm
20mm

水切りのシーリング
水切りのシーリング

汚れの原因は、吸気中の埃・カビ・コケなど

下地が仕上げ精度や納まりを決める

RC造の躯体仕上げにはさまざまな種類があり、その種類に応じて適切な躯体精度・表面状況・逃げ寸法などが異なります。そのため躯体を構築する際は、仕上げの詳細や割付図などを反映した躯体図をもとに作業を進めます。特に下地材を固定するファスナー・インサート・タラップ・丸環などの打込み金物が忘れずに躯体に取り付けられているか注意しましょう。

外装仕上げの下地処理

外装仕上げには、躯体に打ち込んだファスナーを介して取り付けるカーテンウォール・ALCパネル・セメント押出成形板、RC躯体に直接張り付けるタイル・石などの建材、塗装吹付けなどがある

塗装や吹付け仕上げは、躯体表面の精度が仕上がりに直結するので、セメントモルタルや薄塗補修などで、躯体表面を整えてから施工する

躯体に直接張り付ける仕上げ材は、十分な接着性を確保しなければならないので、RC躯体の表面を粗面にするなどの処理が必要

ウォータージェット工法(超高圧洗浄：150〜200MPa)でRC躯体に目荒しを施すことで、タイル下地の接着力を高める

内装仕上げの下地処理

内装仕上げにはクロス・左官・タイルなどさまざまな仕上げ方法がある。躯体に仕上げを施す場合と、間仕切り壁に仕上げを施す場合では下地の構成が異なる

躯体壁

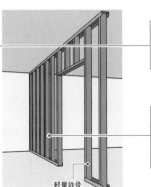

塗装やクロス仕上げの場合は、セメントモルタルで躯体精度調整をしたうえで施工する

間仕切り壁などの場合は、木軸や軽量鉄骨(LGS)などの上に石膏ボードや木材を張って、仕上げを施す

軽量鉄骨

コンクリート打放し仕上げの種類

コンクリート表面の仕上げ程度は、打放し面の目違いや不陸などの状態から、ABCの3種類に分類される

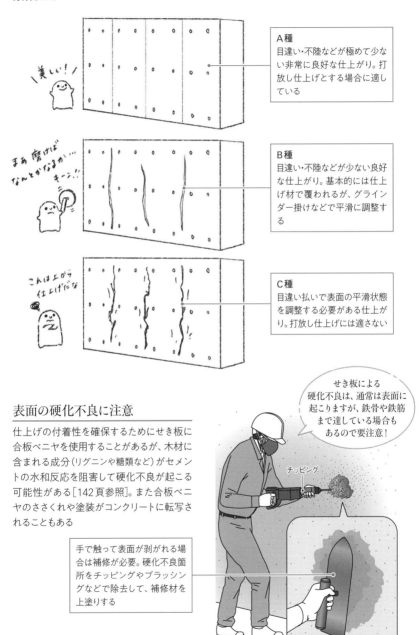

A種
目違い・不陸などが極めて少ない非常に良好な仕上がり。打放し仕上げとする場合に適している

B種
目違い・不陸などが少ない良好な仕上がり。基本的には仕上げ材で覆われるが、グラインダー掛けなどで平滑に調整する

C種
目違い払いで表面の平滑状態を調整する必要がある仕上がり。打放し仕上げには適さない

表面の硬化不良に注意

仕上げの付着性を確保するためにせき板に合板ベニヤを使用することがあるが、木材に含まれる成分(リグニンや糖類など)がセメントの水和反応を阻害して硬化不良が起こる可能性がある[142頁参照]。また合板ベニヤのささくれや塗装がコンクリートに転写されることもある

せき板による硬化不良は、通常は表面に起こりますが、鉄骨や鉄筋まで達している場合もあるので要注意!

チッピング

手で触って表面が剥がれる場合は補修が必要。硬化不良箇所をチッピングやブラッシングなどで除去して、補修材を上塗りする

断熱工法の特徴を押さえよう

断熱工法は、断熱層を設置する位置によって内断熱工法と外断熱工法に分かれます。内断熱は施工性に優れ、工法が豊富で、さまざまな仕上げに対応でき、コストも安価です。一方、外断熱は断熱性と蓄熱性に優れているため、北海道などの寒冷地で多く採用されています。

内断熱工法

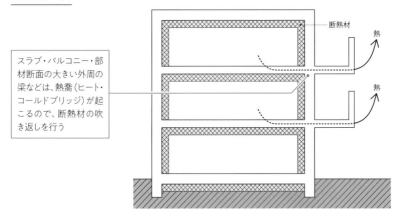

スラブ・バルコニー・部材断面の大きい外周の梁などは、熱橋(ヒート・コールドブリッジ)が起こるので、断熱材の吹き返しを行う

断熱材

熱

熱

外断熱工法

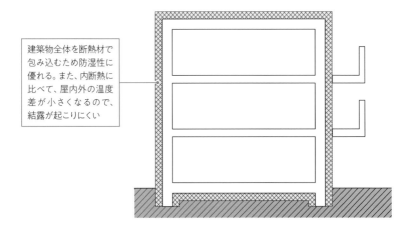

建築物全体を断熱材で包み込むため防湿性に優れる。また、内断熱に比べて、屋内外の温度差が小さくなるので、結露が起こりにくい

乾式の断熱工法

防湿層は隙間なく施工して気密性を確保しよう。気密性の向上は、熱損失を抑えて省エネ性能を高めるために必要だよ

断熱材はめ込み工法

フェルト状の断熱材（グラスウール・ロックウールなど）やボード状の断熱材（押出法ポリエチレンフォーム・硬質ウレタンフォームなど）を下地材の間にはめ込む工法。木造建築物でも採用される

断熱層内の内部結露を防ぐために、断熱材の室内側には防湿層（防湿気密フィルム）を、室外側には上下を外気に開放した通気層と透湿防風層（シート）を設ける

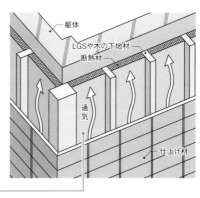

躯体
LGSや木の下地材
断熱材
通気
仕上げ材

断熱材張付け工法

ボード状断熱材を接着剤やボルトなどで取り付ける工法

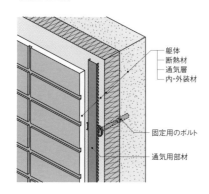

躯体
断熱材
通気層
内・外装材
固定用のボルト
通気用部材

断熱材打込み工法

ボード状断熱材を型枠に取り付けたり、せき板として用いたりして、コンクリートを打込む工法

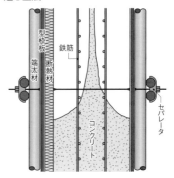

型枠板
端太材
断熱材
鉄筋
コンクリート
セパレータ

湿式の断熱工法（断熱材吹付け工法）

硬質ウレタンフォームなど現場発泡断熱材を躯体に吹き付ける工法。目地のない連続した断熱面を構築できるので、曲面やサッシ廻りなどの複雑な形状にも対応できる。断熱材の厚さがバラつくので、必要な吹付け厚さを確保できるように専用のピンを差して確認する

作業工程の調整・断熱材の養生・火気の使用を禁止するサインの掲示などを実施して、事故防止に努めよう

ウレタンフォームなどを施工したあとに、ダクトや空調設備などの溶接・溶断の火がウレタンフォームに着火する例が多くみられる

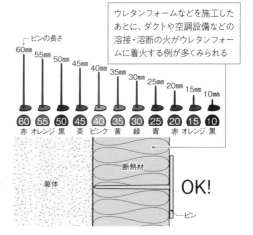

ピンの長さ
60mm 55mm 50mm 45mm 40mm 35mm 30mm 25mm 20mm 15mm 10mm

60 55 50 45 40 35 30 25 20 15 10
赤 オレンジ 黒 茶 ピンク 黄 緑 青 赤 オレンジ 黒

断熱材
躯体
ピン
OK!

設備と躯体の関係に注意しよう

設備工事には、主に電気・空気調和・給排水衛生・防災・昇降機があります。設備配管や配線の大部分は完成後に見えなくなるので、竣工後に不具合が生じないよう、接合部の取付け状態は特に入念に検査します。

電気設備

電線の引込み・発電設備・電灯コンセントなどの「強電」(電力系)と、通信機器やセキュリティシステムなどの「弱電」(通信・情報系)に大別される

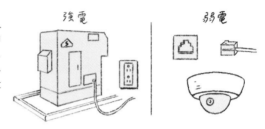

空気調和設備

建築物の温湿度・気流・清浄度などを調整する。熱源・空調・換気・排煙設備機器などがあり、これらを配管やダクトでつなぐ

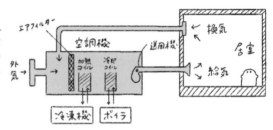

給排水衛生設備

トイレ・浴室・キッチンなどの衛生器具と水や湯を供給し、排水する設備の総称。給湯・給水などの上水工事と雨水・汚水などの下水工事に区分される

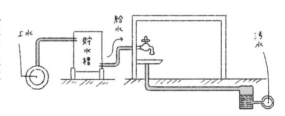

防災設備

警報・避難補助・消火などを行う。用途や規模に応じて消防法や建築基準法で仕様が規定されている

設備用の躯体開口

躯体には、設備配管や配線を通すための開口を設ける必要があるが、躯体性能に影響するため、配置・大きさ・補強方法などの規定を遵守しなければならない［131頁参照］

設備搬入のための仮設開口の上部には揚重のためのフックを打ち込む

配管類が集中・混雑する場所は、専用の竪穴区画を設ける場合もある

スリーブ周囲の隙間は、火災時に延焼を引き起こす危険性があるから、耐火材などで確実に塞ごうね

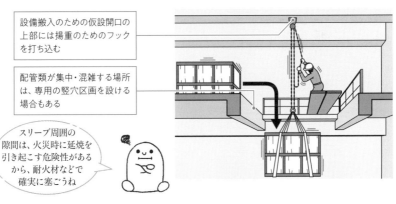

埋込配管・金物

電気配線は、躯体内に埋め込まれることが多い。構造に影響しないように集中を避け、応力の少ない箇所に配線する

梁の軸方向に配管を打ち込んだり、スラブ内で配管が交差したりするのは原則NG

コンセントボックスやEVスイッチも躯体内に埋め込まれる

使い勝手のよい位置を総合図でチェックしよう

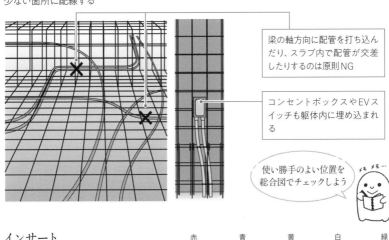

インサート

ダクトやトラフを吊り下げるボルトを固定するために、躯体にインサートを埋め込む。天井仕上げ用インサートと、設備用のインサートを区分できるように色分けする

型枠取外し後はインサートの釘仕舞をしてけがのないように！

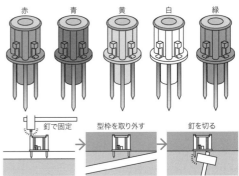

赤　　青　　黄　　白　　緑

釘で固定　　型枠を取り外す　　釘を切る

第 **6** 章

RC構造物の維持管理

耐久性とは、気象作用・物理作用・環境作用・機械的作用・化学的作用などの劣化要因に対して、RC構造物の部材や材料が長期間にわたって抵抗性を保持する能力のことです。劣化要因は必ずしも1つとは限らず、複合的に作用します。設計耐用期間にわたり、RC構造物の安全性・使用性および復旧性を保守するためには、耐久性を低下させる現象について知っておく必要があります。

この章で代表的な劣化要因と補修工法について解説しますので、引渡し後の建物の維持管理に役立ててください。

もしもし

うんうん‼

建物の建設から最終的な
解体までを含めた費用のことを
「ライフサイクルコスト（LCC）」っていうんだけど、
多くの人が注目する建設費用はこのLCCの中の
氷山の一角なんだ。定期的なメンテナンス・修繕・
リニューアル・バリューアップ（資産価値増進）など
の諸費用は建物完成後に必要になるよ。
無駄な費用を発生させないためにも
建物の耐久性は重要だね

ひび割れから躯体の劣化が広がる

コンクリートのひび割れから水分や酸素が侵入すると、鉄筋が腐食し、その錆による膨張圧でひび割れが増大したり、コンクリートが剥落したりする恐れがあります。ひび割れにはさまざまな原因があり、その違いによって割れの特徴も異なります。複数の原因が影響してひび割れが発生するので、メンテナンスの際は総合的な原因究明が肝要です。

硬化前（初期）ひび割れ

コンクリートが硬化する過程で生じるひび割れを「硬化前ひび割れ」と呼ぶ。発生する原因によって「沈み（沈下）ひび割れ」「初期乾燥（プラスチック収縮）ひび割れ」「型枠支保工の移動によるひび割れ」などがある

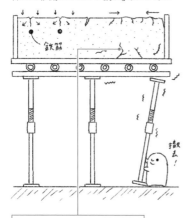

硬化前のひび割れは、後に発生する「乾燥収縮」や「温度変化によるひび割れ」のきっかけとなる

硬化後ひび割れ

コンクリートの強度が発現した後に発生するひび割れを「硬化後ひび割れ」と呼ぶ。乾燥収縮・温度変化・化学作用・構造的破壊などが原因。コンクリートの「伸び能力が小さい」「引張強度が小さい」「体積変化が大きい」といった要因が割れを助長する

許容ひび割れ幅

耐久設計の前提となる許容ひび割れ幅は、屋外の雨がかり部分で0.3mm、屋外の雨のかからない部分で0.4mm、屋内で0.5mm[※]

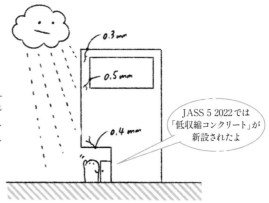

JASS 5 2022では「低収縮コンクリート」が新設されたよ

※『鉄筋コンクリート造建築物の耐久性設計・施工指針・同解説』(日本建築学会)

中性化を防いで鉄筋を守ろう

中性化とは、コンクリートに含まれる水酸化カルシウムが大気中の二酸化炭素と結合して徐々に炭酸カルシウムに変化する現象のことです。中性化によって強アルカリ性（水素イオン指数：pH 12〜13）のコンクリートは中性（pH 7程度）に近づいていきます。コンクリートが中性化すると鉄筋を覆う不働態被膜が破壊されて、鉄筋が腐食・膨張するため、RC造の耐久性が損なわれてしまいます。

中性化を促進する条件

二酸化炭素濃度が高く、温度が高く、湿度は低い環境ほど、中性化の速度は速くなる。したがって、屋外よりも屋内側のコンクリートのほうが、中性化の進行が速いといわれている

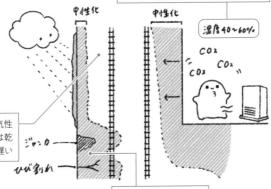

湿度については、空気中の相対湿度が40〜60%のときが最も進行が速い

コンクリートの表面が濡れると透気性が低下するので、雨が当たる場所は乾燥している場所に比べて中性化が遅い

硬化不良やひび割れがあると中性化しやすい

中性化対策

中性化による躯体の劣化対策として重要なのは、中性化の進行と鉄筋の腐食を抑制することである

鉄筋のかぶり厚さを大きくしたり、気密性のある吹付け材を施工して水分供給を遮断したりする

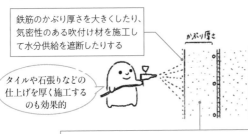

タイルや石張りなどの仕上げを厚く施工するのも効果的

緻密なコンクリートほど中性化は進みにくい。水セメント比を低下させて、内部の余剰水を減らせば、余剰水の乾燥による空隙を減らすことができる

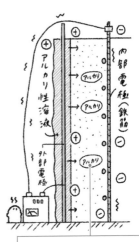

劣化してしまった場合は、その部分を除去して新たにコンクリートで補修する

中性化したコンクリートにアルカリを電気浸透させることで、コンクリートのpHを上昇させる工法（再アルカリ化工法）もある

沿岸部の建物は塩害に注意

塩害とは、塩化物イオンによってコンクリート内部の鋼材腐食が促進される現象です。中性化[199頁参照]と同様にコンクリートにひび割れや剥落などの不具合を発生させ、躯体性能を大きく低下させる要因となります。風に乗った海塩粒子が飛散する沿岸部に近いほど塩害は激しくなります。ただし、内陸部であっても寒冷地では融雪剤の散布によって塩分が供給され、塩害が促進される場合があります。

塩害による構造耐力の低下

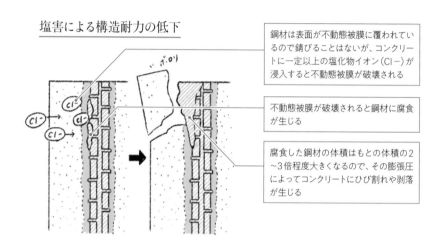

鋼材は表面が不動態被膜に覆われているので錆びることはないが、コンクリートに一定以上の塩化物イオン（Cl−）が浸入すると不動態被膜が破壊される

不動態被膜が破壊されると鋼材に腐食が生じる

腐食した鋼材の体積はもとの体積の2〜3倍程度大きくなるので、その膨張圧によってコンクリートにひび割れや剥落が生じる

塩害対策

塩害の原因となる塩化物イオンには、海砂などの骨材や混和剤に含まれる「内在塩害」と、海水・飛来海塩粒子・凍結防止剤などに含まれる「外来塩害」の2種類がある

内在塩害対策

塩化物イオンを多量に含む材料を使用しない

骨材には除塩したものを、混和材には防錆剤やフライアッシュなどを使用する

フレッシュコンクリートに含まれる塩化物イオンの量は、0.3kg /㎡以下と規定されている。塩化物の含有量を測定する試験方法には、「試験紙法」「イオン電極法」「電極電流測定法」などがある

外来塩害対策

コンクリートの表面を塗膜やタイルなどで仕上げる

エポキシ樹脂塗装鉄筋や溶融亜鉛メッキ鉄筋などを使用することもある

水セメント比を少なくして、密実なコンクリートにする

凍害の原因は寒暖差にあり

外気温が氷点下になるとコンクリート中に含まれている水分が凍結します。この水分の凍結と融解が繰り返されると、氷の内部膨張によるコンクリートの破壊が進行し、躯体がどんどん劣化していきます。凍害の進行は、水分が供給されやすく、凍結と融解を繰り返す回数が多い環境下ほど速くなります。

凍害を引き起こす外的要因

日射量（凍結・融解の回数）
凍害は凍結と融解を繰り返すことで進行するので、建物の北側よりも、日射の当たる南側のほうが被害を受けやすい

最低気温
気温が低いほど、より小さな細孔径の水分まで凍結する

水の供給
気温が低くても、乾燥していれば凍害は発生しにくい

凍害による劣化

凍害は最低気温が－2℃以下になる寒冷地域で起こりやすい。進行すると骨材が露出するほどコンクリートが劣化する

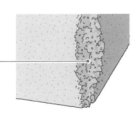

ポップアウト
コンクリートの表面が剥離しクレーターのような窪みができる

スケーリング
コンクリート表面のセメントペースト部分が剥離する現象。うろこ状の細かいひび割れが同時に起こることもある

凍害対策

凍害の防止には、寒中コンクリート［32頁参照］を用いる。水セメント比を下げるとともにAE減水剤などを使用して、空気連行を促進させることが重要

融雪水がコンクリート中にできるだけ浸み込まないように、雨仕舞の工夫や防水処理などを施す

吸水率の大きい骨材の使用は避ける

連行される気泡の気泡間隔係数が小さい（200～250μm以下）ほど、耐凍害性が高い

コンクリートの仕様はJASS 5の「激しい凍結融解作用を受けるコンクリート」の規定を参考にしてね

骨材

気泡

アルカリシリカ反応予防は材料選びから

アルカリシリカ反応（ASR）とは、骨材の中に含まれるアルカリ反応性鉱物[※1]とコンクリートの余剰水[※2]が化学反応して、アルカリシリカゲルが生成される現象です。アルカリシリカゲルは、外部から浸入してきた水分を吸水し膨張するため、この膨張圧力によってコンクリートにひび割れが発生します。アルカリ骨材反応は、「コンクリートのガン」とも呼ばれます。1940年頃にアメリカで報告され、'80年代に入って早期劣化が顕在化しました。日本でも事例が発生しています。

アルカリシリカ材反応による劣化

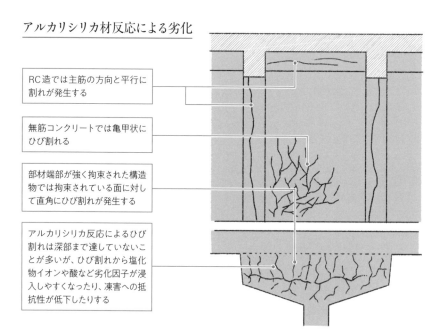

RC造では主筋の方向と平行に割れが発生する

無筋コンクリートでは亀甲状にひび割れる

部材端部が強く拘束された構造物では拘束されている面に対して直角にひび割れが発生する

アルカリシリカ反応によるひび割れは深部まで達していないことが多いが、ひび割れから塩化物イオンや酸など劣化因子が浸入しやすくなったり、凍害への抵抗性が低下したりする

アルカリシリカ反応を起こす3つの条件

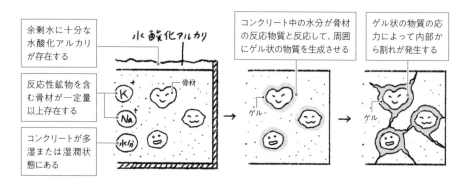

余剰水に十分な水酸化アルカリが存在する

反応性鉱物を含む骨材が一定量以上存在する

コンクリートが多湿または湿潤状態にある

コンクリート中の水分が骨材の反応物質と反応して、周囲にゲル状の物質を生成させる

ゲル状の物質の応力によって内部から割れが発生する

アルカリシリカ反応対策

アルカリシリカ反応を抑制する
ためには、以下の対策を行う

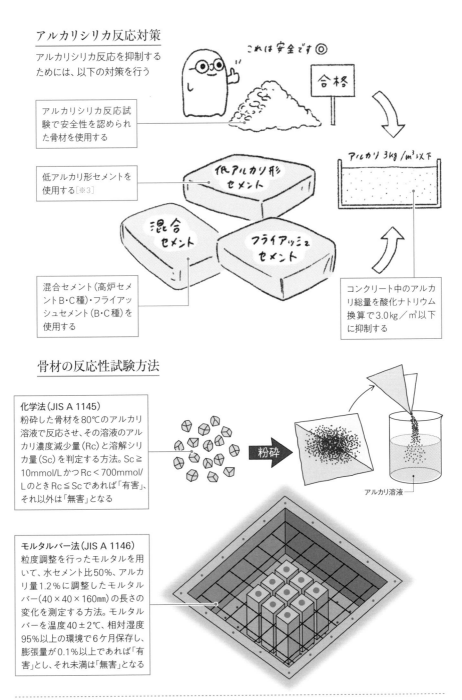

アルカリシリカ反応試
験で安全性を認められ
た骨材を使用する

低アルカリ形セメントを
使用する[※3]

混合セメント(高炉セメ
ントB・C種)・フライアッ
シュセメント(B・C種)を
使用する

コンクリート中のアルカ
リ総量を酸化ナトリウム
換算で3.0kg／m³以下
に抑制する

骨材の反応性試験方法

化学法(JIS A 1145)
粉砕した骨材を80℃のアルカリ
溶液で反応させ、その溶液のアル
カリ濃度減少量(Rc)と溶解シリ
カ量(Sc)を判定する方法。Sc≧
10mmol/LかつRc<700mmol/
LのときRc≦Scであれば「有害」、
それ以外は「無害」となる

モルタルバー法(JIS A 1146)
粒度調整を行ったモルタルを用
いて、水セメント比50%、アルカ
リ量1.2%に調整したモルタル
バー(40×40×160mm)の長さの
変化を測定する方法。モルタル
バーを温度40±2℃、相対湿度
95%以上の環境で6ケ月保存し、
膨張量が0.1%以上であれば「有
害」とし、それ未満は「無害」となる

※1 火山ガラス・クリストバライト・トリディマイト・オパール・隠微晶質石英など
※2 余剰水に含まれる水酸化アルカリ(KOHやNaOH)
※3 「JIS A 5210普通ポルトランドセメント」に規定された低アルカリ形セメント

外部から浸食してくる化学物質に注意

コンクリートは、外部環境から供給される酸性物質や硫酸イオンなどの化学物質と接触すると、分解されたり、化合物生成時の膨張圧によってひび割れが発生したりします。下水道施設・海洋構造物・酸や各種塩類を使用する工場施設・温泉地帯・硫酸塩を含む土壌などに建つRC構造物は、化学的浸食に注意が必要です。

コンクリートがスカスカのボロボロになる

コンクリート中のセメント水和物が化学物質に反応すると、水に溶けやすくなり、組織が多孔質化したり、分解されたりすることで劣化する。特に硫酸や塩酸などの強い酸は、セメント水和物の分解が著しい

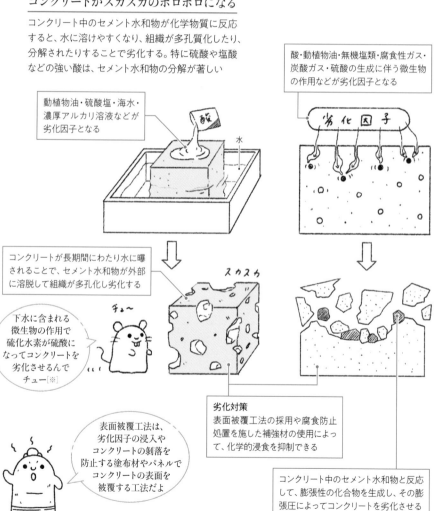

酸・動植物油・無機塩類・腐食性ガス・炭酸ガス・硫酸の生成に伴う微生物の作用などが劣化因子となる

動植物油・硫酸塩・海水・濃厚アルカリ溶液などが劣化因子となる

劣化因子

コンクリートが長期間にわたり水に曝されることで、セメント水和物が外部に溶脱して組織が多孔質化し劣化する

スカスカ

チュ〜

下水に含まれる微生物の作用で硫化水素が硫酸になってコンクリートを劣化させるんでチュー[※]

劣化対策
表面被覆工法の採用や腐食防止処置を施した補強材の使用によって、化学的浸食を抑制できる

表面被覆工法は、劣化因子の浸入やコンクリートの剥落を防止する塗布材やパネルでコンクリートの表面を被覆する工法だよ

コンクリート中のセメント水和物と反応して、膨張性の化合物を生成し、その膨張圧によってコンクリートを劣化させる

※ 水質によっては河川水も劣化因子になり得る

ひび割れを見つけたらしっかり点検！

RC造の点検のタイミングには、初期点検と定期点検（日常点検）があります。また、地震など突発的な災害や損傷事故が発生した場合は、臨時点検や緊急点検などを行います。点検は、標準調査がメインですが、より正確な予防・補修を行う場合は詳細調査を実施します。

調査から補修・補強までの手順

まずは「標準調査」を実施する。調査の結果、目立った問題が見られない場合はそこで調査完了。さらに詳しい確認が必要と判断された場合は「詳細調査」を行う。補修・補強の要否はその結果を踏まえて検討する。判断はコンクリート診断士などの技術者が担う

標準調査　　　　　　　　　詳細調査

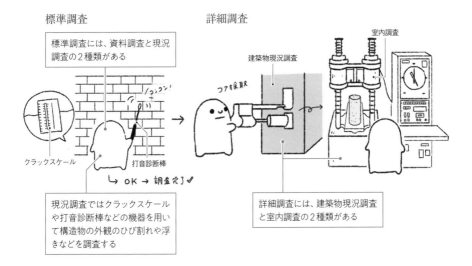

標準調査には、資料調査と現況調査の2種類がある

クラックスケール　　　打音診断棒

↳ OK → 調査完了✓

現況調査ではクラックスケールや打音診断棒などの機器を用いて構造物の外観のひび割れや浮きなどを調査する

室内調査
建築物現況調査
コア採取

詳細調査には、建築物現況調査と室内調査の2種類がある

	資料調査	現況調査
標準調査	設計図書・施工記録（調合表を含む）	ひび割れ現況（幅・長さ・総延長・発生位置・範囲など）
	過去の調査・補修や補強工事履歴	ひび割れに伴う不具合（漏水・錆・たわみ・変色など）
	建築物使用時の荷重条件	そのほか（剥離・剥落・豆板・エフロレッセンスの発生状況など）
	気象・立地・地盤条件	異常音・振動
	建築物現況調査	室内調査
詳細調査	コンクリートの品質（非破壊・微破壊・コア採取・斫り）	コンクリート品質・中性化・塩害・凍害・アルカリ骨材反応・化学的浸食などの劣化要因ごとに、物理試験・化学組成分析・織分析などの試験を行う
	鉄筋・鋼材の品質（斫り）	
	そのほか（荷重・環境条件・支持地盤・耐力変形・振動など）	

ひび割れに合った補修方法を選ぼう

点検の結果「有害なひび割れ」と判定された場合は、ひび割れの状況や発生原因に応じた補修・補強を行い、RC構造部材の延命を図ります。ひび割れの補修材料には、接着性や耐久性に優れた高分子系や、体積変化が小さく施工性・耐久性に優れたセメント系があります。

被覆工法

ひび割れの内部処理をするわけではないので、割れが大きい場合や割れが進行している場合は採用しない

ひび割れ部分のみを被覆する工法。ひび割れの上に塗膜を構成し、防水性や耐久性を向上させる。一般的に幅0.2mm以下の微細なひび割れの補修で採用する

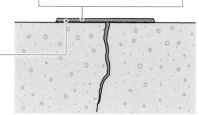

注入工法

ひび割れに樹脂系・セメント系の材料を低圧低速で注入する工法。RC躯体から浮いている仕上げ材の補修にも使用される。一般的に幅0.2〜1.0mm程度のひび割れで採用されるが、0.05mmでも確実に注入できる

注入量の確認が容易なので、補修の精度が作業員の熟練度に左右されない

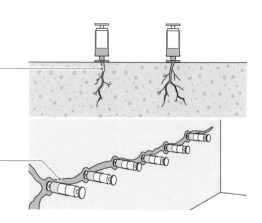

充塡工法

ひび割れに沿って約10mm幅でU字形にコンクリートをカットし、そこにシーリング材・可とう性エポキシ樹脂・ポリマーセメントなどを充塡する

鉄筋が腐食していない場合の補修に適している。0.5〜1.0mm程度以上の比較的大きな幅のひび割れで採用する

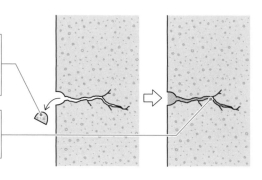

躯体や仕上げの補修工法も知っておく

躯体の不具合は、ひび割れだけではありません。「コンクリートの劣化」「躯体断面の不足」「外装材の剥離」など、さまざまな状況が考えられます。それぞれの不具合に適した補修工法を選択して、建物を長く安全に使用できるようにしましょう。ここでは代表的なものをご紹介します。

断面修復工法

劣化による断面欠損や、塩害を受けたコンクリートを除去した部分を修復する場合は、エポキシ樹脂モルタルなどで欠損部分を充填する

鉄筋が腐食している場合は防錆処理も行う

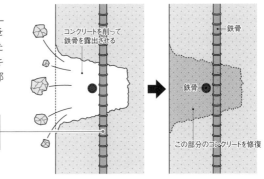

コンクリートを削って鉄骨を露出させる

鉄骨

鉄骨

この部分のコンクリートを修復

コンクリート増打ち工法

断面欠損に対しては、コンクリート増打ち工法、巻立て工法、充填工法などのほか、鉄板や鋼材などを用いた補強なども行われる

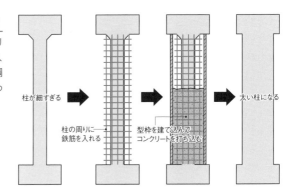

柱が細すぎる

柱の周りに鉄筋を入れる

型枠を建て込んでコンクリートを打ち込む

太い柱になる

アンダーピンニング工法

コンクリートや外装材の剥落防止には、アンダーピンニング工法を行う。ほかにエポキシ樹脂注入工法や繊維シート被覆工法などもある

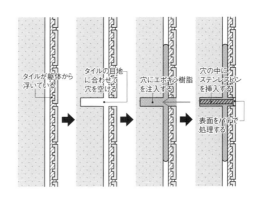

タイルが躯体から浮いている

タイルの目地に合わせて穴を空ける

穴にエポキシ樹脂を注入する

穴の中にステンレスピンを挿入する

表面をパテで処理する

索引

あとがき

ものつくり大学の三原斉 教授を通じて本書執筆の依頼を受けたのは今から3年前の2020年7月でした。気軽にお引受けをしたものの、文章主体ではなく「絵でわかる」本書の特徴を掴むのに相当の時間がかかってしまいました。この間、新型コロナパンデミックの影響を受け、テレワーク業務やオンライン会議など、勤務の様相はもとより私生活も大きく変わりました。2022年にはコンクリート工事のバイブルである『建築工事標準仕様書・同解説 JASS5 鉄筋コンクリート工事 2022』(日本建築学会)が、社会情勢・技術の変化・進展への対応や環境負荷低減促進などを掲げて、大改訂されました。日本コンクリート工学会からはコンクリートにかかわる15のイノベーション技術が示されていますが、常に最新技術や情報を吸収する姿勢を持ち、日進月歩で進化するICT技術や DXにも対応できる技術者となることを期待しています。

ようやく本書が世に出ることになりました。難産で生まれてきた我が子を社会に送り出す親の気持ちで、本書の出版にあたってはひとしおの喜びに浸っています。RC造を設計・監理・建設する方々だけでなく、自邸を建設しようと考えておられる一般の方にとっても、本書がRC造の基本技術の習得や向上に資する一冊となることを望んでやみません。

著者略歴

中村敏昭

1956年大阪府生まれ。'97年に早稲田大学理工学部建築学科を卒業後、同年に戸田建設株式会社入社。現在、戸田建設株式会社 エンジニアリングソリューション統轄部 建築技術営業部 次長。

1級建築士。1級建築施工管理技士。技術士(建設部門・総合技術監理部門)。コンクリート主任技士。コンクリート診断士。CFT構造施工管理技術者。溶接管理技術者(特別級)。建築仕上げ診断士。エコピープル(EC検定)。VEリーダー。東海道マイスター(東海道検定)。

主な著書に、

『新現場マンのための施工管理者養成講座』(共著 彰国社)、

『建築仮設物の構造計算入門(4訂版)』(共著 彰国社)、

『イラストでみる建築工事の墨出しマニュアル』(共著 彰国社)、

『監理技術者講習テキスト』(共著 公益財団法人日本建築士会連合会編)、

『穴埋め式 施工がわかる建築生産入門ワークブック』(共著 彰国社)、

『発注者・設計者・監理者・施工者のための建築技術者が知っておきたい施工の心得』(共著 日本建築士会連合会)などがある。

主な参考文献

『建築工事標準仕様書・同解説 JASS5 鉄筋コンクリート工事 2022』(日本建築学会)

『鉄筋コンクリート造配筋指針・同解説(2021年改訂版)』(日本建築学会)

『型枠の設計・施工指針 2011』(日本建築学会)

『鉄筋コンクリート造建築物の収縮ひび割れ制御設計・施工指針・同解説』(日本建築学会)

『コンクリートの調合と施工 ―知っておきたい建築材料・工法』(日本建築学会関東支部)

『'22 コンクリート技術の要点』(日本コンクリート工学会)

『コンクリートのひび割れ調査、補修・補強指針 2022』(日本コンクリート工学会)

『施工がわかるイラスト建築生産入門』(日本建設業連合会 彰国社)

『戸田建設の建築標準ディテール図集―設計・施工の蓄積から』(戸田建設建築工事技術部 彰国社)

『建築土木教科書 コンクリート技士 合格ガイド』(三浦勇雄 翔泳社)

『サクッとわかるRC造のつくり方』(エクスナレッジ)

『世界で一番楽しい建物できるまで図鑑 RC造・鉄骨造』(瀬川康秀/大野隆司 エクスナレッジ)

『コンクリートポンプ圧送マニュアル』(全国コンクリート圧送事業団体連合会)

『図解 型枠工事』(大久保孝昭/宗永芳/小柳光生/佐藤孝一/岩波光一/嵩英雄 東洋書店)

ぜんぶ絵でわかる❺
RC造

2023年7月3日　初版第1刷発行

著者
中村敏昭

発行者
澤井聖一

発行所
株式会社エクスナレッジ
〒106-0032東京都港区六本木7-2-26
https://www.xknowledge.co.jp/

問合せ先
［編集］tel 03-3403-1381／fax 03-3403-1345
　　　　info@xknowledge.co.jp
［販売］tel 03-3403-1321／fax 03-3403-1829